Luis Buñuel

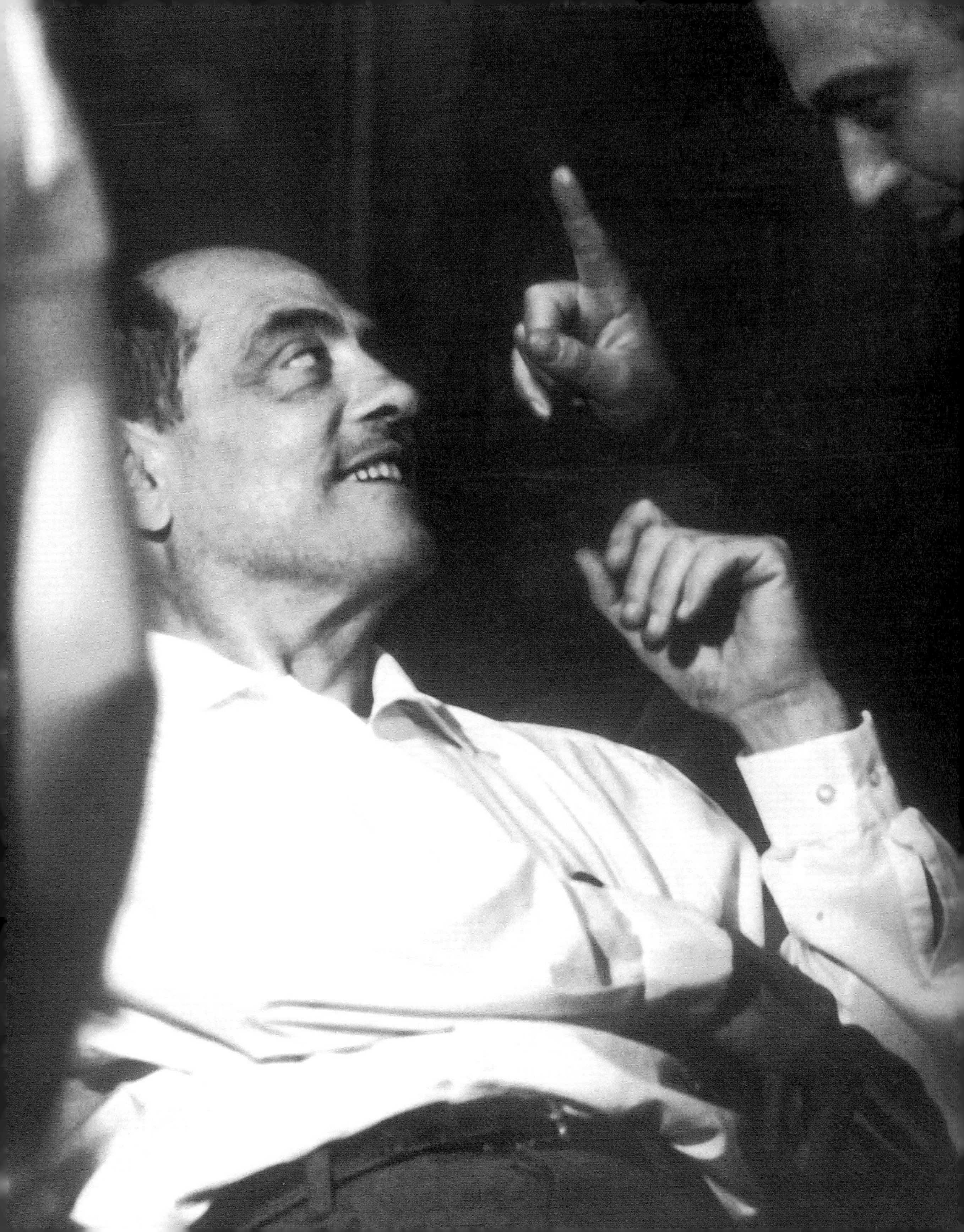

Alain Bergala

Luis Buñuel

CAHIERS DU CINEMA

Le Monde

En couverture :

Catherine Deneuve dans *Belle de jour*.

Page 6 :

Tournage de *La Voie lactée*.

Cahiers du cinéma éditions
Présidente : Anne Chaussebourg
Directeur délégué : François Maillot
Direction de la collection : Claudine Paquot,
avec la collaboration de Franck Henry
Graphisme couverture : TM Limited (AGI TM France sas)
Graphisme intérieur : Paul-Raymond Cohen et Clémentine Hède
Secrétariat d'édition : Alexia Renard, avec la collaboration de Camille Ketterlin
Fabrication : Claude Morin, avec la collaboration de Carolina Lucibello

9, passage de la Boule-Blanche – 75012 Paris
www.cahiersducinema.com

ISBN : 978-2-86642-502-9

Édition particulière pour *Le Monde*

Sommaire

Les yeux ouverts, les yeux fermés

Il s'est constitué depuis longtemps, autour de l'œuvre de Buñuel, tout un réseau d'interprétations qui n'ont jamais réussi à recouvrir sa force vive, que l'on retrouve heureusement intacte à chaque vision de ses films. Il y a dans son cinéma quelque chose d'unique et d'irremplaçable que ne suffisent à expliquer ni sa culture espagnole, ni son attachement au surréalisme, ni son engagement politique, ni son rapport au catholicisme, ni son exil mexicain, mais qui tient avant tout à son geste même de créateur qui reste d'une étonnante et énigmatique fidélité à soi-même quels que soient les états du cinéma, si divers, que les hasards de la vie et l'histoire de son siècle l'ont conduit à traverser : le cinéma muet d'avant-garde, l'essai documentaire, le mélodrame mexicain, l'adaptation de grands standards romanesques, le cinéma français des années soixante-dix.

Quel est le secret de cette inusable et mystérieuse fidélité à soi-même dans des systèmes de production et des environnements esthétiques aussi différents ? Une intime et profonde certitude : que le film, comme objet fini, comme récit linéaire, ne devrait jamais recouvrir ni censurer le moment radieux de l'apparition de l'image. Au moment où une image surgit au cœur du film, chez lui, provisoirement vierge de tout asservissement au scénario, elle a le caractère jaillissant et natif de l'image poétique brute.

Ces apparitions d'images intuitives ont partie liée, dans sa poétique, avec la poussée imprévisible et instantanée du désir chez ses créatures. Voici sans aucun doute la scène la plus récurrente du cinéma de Buñuel, toutes époques confondues, depuis *Un chien andalou* et *L'Âge d'or* : un homme désire violemment une femme, manœuvre et ruse pour aboutir à ses fins, et au dernier moment, alors qu'elle est à sa merci, se trouve aux prises avec une pulsion contraire, tout aussi irraisonnée, celle de *ne pas aboutir*. Le désir a une telle importance vitale pour Buñuel qu'il lui faut le maintenir dans l'inaccomplissement pour qu'il ne s'épuise pas dans sa réalisation.

Le moment de la naissance des images est aussi celui où les contraires sont encore possibles, où surgissent en même temps les solutions simultanées entre lesquelles tout cinéaste doit choisir pour que le film puisse avancer. Buñuel ne cesse dans ses films de montrer aussi ce qui aurait pu arriver à la place de ce qui est arrivé. Il a toujours eu le goût de raconter – donc l'obligation de choisir –, mais cela ne l'a jamais empêché de filmer à la fois les images choisies et le regret de celles qui ne l'ont pas été. Tout chemin suivi – et Dieu sait s'il y en a dans ses films – fait surgir aussitôt l'image ou l'évocation de celui que le film n'a pas emprunté.

Toute l'œuvre de Buñuel se tient dans la tension entre les yeux ouverts et les yeux fermés dont parle Octavio Paz et qu'il cite dans une conférence donnée à Mexico en 1953 : « Il suffit à un homme enchaîné de fermer les yeux pour qu'il ait le pouvoir de faire éclater le monde. » Le cinéma a été pour Buñuel l'outil idéal qui lui a permis toute sa vie, et non contradictoirement, de faire éclater le monde les yeux fermés et de rendre compte du monde les yeux ouverts. C'est cette contradiction-là du cinéma qu'il lui a été donné d'incarner dans tous ses films. C'est là sans doute que réside le mystère inaliénable des films de Buñuel et leur résistance à toutes les formes instituées d'analyse et à tous les systèmes de classification du cinéma, même les plus accueillants comme ceux d'André Bazin et de Gilles Deleuze.

De Calanda à New York, via Paris : une première vie

Un chien andalou, L'Âge d'or, Terre sans pain

L'un des paradoxes de Buñuel, et non des moindres, est que LE cinéaste espagnol fondateur n'a tourné en tout que cinq films en Espagne où il n'aura vécu finalement qu'une courte partie de sa vie, ses années de jeunesse. À tel point que les Espagnols, parfois, souffrent à considérer que leur grand cinéaste national ait été un exilé.

Dans ses entretiens, Buñuel pointe toujours avec soin tous les moments où sa vie a pris une direction définitive alors qu'un hasard objectif aurait pu la faire bifurquer vers une autre. Il ne cesse de s'émerveiller de toutes ces vies qui auraient aussi bien pu être les siennes à la place de celle qu'il a vécue. Et il est vrai que son chemin a été particulièrement sinueux et livré aux aléas de l'histoire, des amitiés rencontrées, des pays.

Les tambours de Calanda

Luis Buñuel est né en 1900 à Calanda[1]. Son père, fils de paysan aisé, était parti à Cuba – qui était encore espagnole – comme militaire. Il y devint commerçant et décida de rentrer en Espagne, petite fortune faite, à l'âge de quarante-trois ans. De retour à Calanda, il achète des terres, fait construire deux maisons et épouse une jeune fille de dix-huit ans avec laquelle il aura sept enfants – quatre filles et trois garçons – dont Luis est le premier né. Peu après la naissance de Luis, son père décide de s'installer à Saragosse, mais la famille continue de passer ses vacances à Calanda où s'inscrivent pour le futur cinéaste des souvenirs indélébiles dont son œuvre portera les traces. La coutume des tambours qui battent pendant vingt-quatre heures sans interruption le jour

1. Calanda est un village d'Aragon, situé entre Saragosse et Teruel.

Pages précédentes :

Tristana.

Page de gauche :

Luis Buñuel par Man Ray.

Ci-dessus :

Les tambours de la semaine sainte dans le documentaire *Calanda* (1966) de Jean-Louis Buñuel.

2. Le son des tambours de Calanda hante plusieurs films de Buñuel, dont *L'Âge d'or* et *Nazarin*. Son fils, Jean-Louis, a réalisé un court métrage sur ces tambours que Carlos Saura a cités, en hommage au maître, dans *Peppermint frappé* (1967).

Les parents de Luis Buñuel, Leonardo Buñuel et María Portolés, en 1899 ; Luis Buñuel bébé.

du vendredi saint[2]. Le son des cloches qui scande tous les événements de la vie collective. La rencontre (un âne pourrissant en pleine nature) et la familiarité avec la mort dans les rituels funèbres de ce village dont Buñuel dit qu'il avait à peine changé depuis le Moyen Âge. L'omniprésence de la religion et de la croyance dans les miracles. Son enfance sera celle d'un fils de famille très aisée, avec nurse et cours de musique.

De 1908 à 1915, Buñuel est demi-pensionnaire au collège jésuite du Salvador de Saragosse, à moins de cinq minutes de la maison familiale. Il se souvient d'une discipline de fer, des punitions et d'une surveillance constante interdisant tout moment de solitude. Il y réussit sans effort, même s'il est souvent puni pour ses incartades et ses facéties. Il perd la foi vers quatorze ans, époque où il commence à lire Spencer, Darwin, Nietzsche et les grands classiques espagnols.

La Résidence des étudiants

Une des chances de la vie de Buñuel aura été de se retrouver à partir de 1917, et pour sept ans, au bon endroit au bon moment. Il quitte Saragosse, ses études secondaires terminées, et s'installe à la Résidence des étudiants de Madrid où il rencontre d'autres jeunes gens de son âge qui vont constituer une génération phare pour les arts et la littérature de son pays. Ce lieu d'innovation éducative, où a été impulsée une vie intellectuelle de premier ordre, moderne, ouverte à tous les mouvements du début du siècle, va être l'origine du groupe littéraire appelé *Génération de 27*. Buñuel y rencontre deux des personnes qui vont le plus compter dans sa vie et son parcours artistique : Federico García Lorca et Salvador Dalí. La guerre civile espagnole, qui va coûter la vie à García Lorca, divisera et dispersera sur les chemins de l'exil les membres de cette brillante génération d'écrivains et de créateurs. À la Résidence, Buñuel se débarrasse de son provincialisme un peu rude et s'ouvre à tous les mouvements de pensée et de révolution artistique qui soufflent sur l'Europe de ces années vingt. Buñuel s'y rapproche du mouvement des ultraïstes, qui se veut à la pointe de l'avant-garde artistique à la façon du dadaïsme. Ses sympathies vont aux anarchistes, même si la préoccupation politique reste alors pour lui secondaire.

Attiré par les sciences naturelles, Buñuel entreprend des études d'agronomie où il échoue à cause de notes désastreuses en mathématiques. Pour faire plaisir à son père, plus que par vocation, il se dirige vers des études d'ingénieur industriel avant de revenir aux sciences naturelles et de bifurquer finalement vers la philosophie. Au milieu de ces errements, Buñuel se découvre une vraie passion pour l'entomologie. Les insectes resteront un des grands motifs de prédilection de ses films. Pendant ses années d'études à la Résidence, le robuste Buñuel pratique assidûment l'athlétisme, la boxe et le lancer de javelot.

Federico García Lorca arrive à la Résidence deux ans après Buñuel qui est immédiatement sensible à son magnétisme et tombe en amitié avec lui dès leur première rencontre. Il dira que l'Aragonais mal dégrossi qu'il était alors a été transformé par la fréquentation assidue de cet Andalou raffiné qui lui a fait découvrir la poésie espagnole et lui a ouvert l'esprit et la sensibilité : « Je voyais un monde nouveau qui s'ouvrait, qu'il me dévoilait chaque jour. » Il leur arrive d'improviser à deux des pièces de théâtre et des opéras. Arrivé seulement en 1922 à la Résidence, et déjà ostentatoirement excentrique, Salvador Dalí y devient rapidement l'autre grand ami de Buñuel.

Pendant ces années de joyeuse amitié et d'initiation, il découvre les films burlesques américains, et surtout ceux de Buster Keaton, dont il aime la poésie.

Portrait de Luis Buñuel
par Barrados, 1923.

Federico García Lorca et Luis Buñuel
à la *verbena* de San Antonio de la Florida
à Madrid en 1923.

Les araignées

L'une des sœurs de Buñuel, Conchita, avec laquelle il a toujours été en complicité, a raconté leurs souvenirs d'enfance. Animaux et insectes y tiennent une place aussi grande que dans ses films, mais les araignées ont un statut à part dans ce bestiaire familial.

« Nous avions alors, traité comme s'il était de la famille, un énorme rat gros comme un lièvre, sale avec sa queue râpeuse. Nous l'emmenions en voyage dans une cage de perroquet et pendant très longtemps il nous compliqua fort la vie. Il mourut, le pauvre, comme un saint, donnant les symptômes les plus évidents de l'empoisonnement. Nous avions cinq servantes et nous ne pûmes découvrir la meurtrière. De toute façon nous l'oubliâmes, avant que son odeur eût complètement disparu.

Toujours nous avons possédé quelque animal : singes, perroquets, faucons, crapauds et grenouilles, une ou deux couleuvres, un grand lézard africain que la cuisinière, en un mouvement de terreur, tua sadiquement sur la plaque du fourneau, d'un coup de tisonnier. Je n'oublie pas le mouton Gregorio qui faillit me broyer le fémur et le bassin alors que j'avais dix ans. Je crois qu'on l'avait amené d'Italie très jeune. Il fut toujours faux-jeton et je n'aimais que Nene, le cheval. Nous avions un grand carton à chapeau plein de petites souris grises. Elles appartenaient à Luis, mais il nous les laissait regarder une fois par jour. Il en avait sélectionné quelques couples qui, bien nourris et abrutis, avaient procréé sans cesse. Avant de partir il les monta au grenier, et au grand dam du préposé au lieu il leur rendit la liberté, leur recommandant de "croître et multiplier".

Tous nous avons aimé et respecté ce qui vit, même d'une vie végétale. Je crois qu'eux aussi nous respectent et nous aiment. Nous pourrions passer dans une forêt grouillante de fauves sans rien risquer. Une exception : LES ARAIGNÉES.

Monstres terrifiants et horribles qui à tout moment peuvent nous priver de la joie de vivre. Une étrange morbidité bunuelesque en fait le thème principal de nos conversations familiales. Nos récits sur les araignées sont fabuleux.

On raconte que mon frère Luis, à la vue d'un monstre à huit yeux, à la bouche ornée de pédipalpes crochus, perdit connaissance dans une auberge tolédane où il était en train de manger et ne revint à lui qu'en arrivant à Madrid.

C'est ma sœur aînée, qui ne trouvait pas de feuille de papier assez grande pour y dessiner la tête et le thorax de l'araignée, qui l'épiait dans un hôtel. Pleurant presque, elle nous racontait les quatre paires de regards que lui lança le fauve lorsqu'un garçon d'étage, incompréhensiblement calme, l'emporta par une patte hors de la chambre. […]

Les araignées ! Nos cauchemars, comme nos conversations fraternelles, en sont pleins.

Presque tous les animaux énumérés ont été la propriété de mon frère Luis et je n'ai jamais vu d'êtres mieux traités ni soignés selon ses propres nécessités biologiques. Aujourd'hui encore il continue d'aimer les animaux et je le soupçonne même d'essayer de ne plus haïr les araignées. »

Soupçon confirmé par Buñuel lui-même dans le chapitre « Pour et contre » de Mon dernier soupir.

« J'aime et je n'aime pas les araignées. Il s'agit d'une manie que je partage avec mes frères et sœurs. Attirance et répulsion à la fois. Au cours des réunions familiales, nous pouvons parler d'araignées pendant des heures. Méticuleuses et terrifiantes descriptions. »

Conchita Buñuel-García, « Mon frère Luis », *Positif*, n° 42, 1961 (trad. Marcel Oms) ; repris dans Luis Buñuel, *Mon dernier soupir*, Robert Laffont, 1982.

Les années d'apprentissage

La mort de son père, en mai 1923, va faire bifurquer la vie du jeune Buñuel vers la France. N'ayant plus de comptes à rendre à l'autorité paternelle, il termine ses études et demande à sa mère, qui veillera toujours sur lui avec bienveillance, de financer son séjour à Paris où il débarque en janvier 1925. En signe de seconde naissance et de prise en main de son futur destin, il passe sa première nuit à l'hôtel Ronceray – qui jouxte le musée Grévin – où il est persuadé avoir été conçu pendant la lune de miel de ses parents. Paris, où il va faire la rencontre décisive du groupe surréaliste, va devenir pour lui, après la Résidence des étudiants de Madrid, le deuxième foyer de sa formation intellectuelle. André Breton vient de publier le *Manifeste du surréalisme,* imprégné de la pensée de Freud que Buñuel a découverte dès 1921 grâce à la traduction de *Psychopathologie de la vie quotidienne* par Ortega y Gasset, grand intellectuel de l'Espagne des années vingt. La véritable révélation du cinéma lui vient un jour, au Vieux-Colombier, devant *Les Trois Lumières* de Fritz Lang (1921), film qui va déterminer une vocation relativement tardive.

Les années 1925-1929 sont pour Buñuel des années de préparation à son futur métier de cinéaste. Sa première expérience de mise en scène est théâtrale. En avril 1926, grâce à son réseau d'amis espagnols à Paris, il est chargé de mettre en scène, dans un petit théâtre de marionnettes d'Amsterdam, une représentation du *Retable de maître Pierre* de Manuel De Falla. Sa formation pratique au cinéma passe pour l'essentiel par l'assistanat. La même année, il débute comme stagiaire de Jean Epstein sur le tournage des *Aventures de Robert Macaire*, puis devient assistant de Jacques Feyder sur *Carmen* et à nouveau d'Epstein sur *Mauprat*, où il figure dans deux petits rôles. Au cours de ces années de formation, il s'essaie à l'écriture sur le cinéma dans la revue espagnole *La Gaceta literaria* et dans la revue française *Les Cahiers d'art*. Les films qui retiennent son attention sont *Les Rapaces* d'Erich von Stroheim (1923), *Metropolis* de Fritz Lang (1927) et *La Passion de Jeanne d'Arc* de Carl Theodor Dreyer (1928). Il se lance aussi dans la rédaction de textes théoriques sur le gros plan, la photogénie et le découpage. Il écrit aussi quelques poèmes d'inspiration surréaliste et ses premiers essais de scénario, dont l'un sur Goya. Cette période de formation se

Luis Buñuel, assistant de Jean Epstein sur le tournage de *La Chute de la maison Usher*, avec Marguerite Gance et Jean Debucourt.

termine en 1928 lorsqu'il quitte le tournage de *La Chute de la maison Usher* de Jean Epstein, sur lequel il est deuxième assistant, car il refuse d'accueillir Abel Gance dont il a sévèrement critiqué le *Napoléon*, sorti en 1927.

Au début de son séjour parisien, en 1925, il a rencontré une jeune fille française, Jeanne Rucar. Il l'épousera en 1934 et elle sera la compagne de toute sa vie.

Comment on devient surréaliste en un soir : *Un chien andalou*

En janvier 1929, Buñuel retrouve Dalí chez lui, à Figueras, et lui raconte un rêve qu'il vient de faire : un nuage effilé coupant la lune et une lame de rasoir tranchant un œil. Dalí, lui, a rêvé d'une main d'où sortaient des fourmis et lui propose d'écrire un film à partir de cet échange de rêves. Le scénario est écrit en une semaine en respectant scrupuleusement une règle que les deux amis se sont donnée : « N'accepter aucune idée, aucune image, qui pût donner lieu à une explication rationnelle, psychologique ou culturelle. Ouvrir toutes les portes à l'irrationnel. N'accueillir que les images qui nous frapp[ent], sans chercher à savoir pourquoi. » À chaque image proposée par l'un, l'autre a un droit de veto instantané.

Buñuel demande à sa mère la somme d'argent qui lui permettrait d'autoproduire le film. Elle accepte. Il le tourne en deux semaines dans les studios de Billancourt et en extérieur, au Havre, pour la scène finale. Dalí ne sera présent qu'aux tout derniers jours du tournage. Buñuel montre le film à Man Ray et Louis Aragon qu'il vient à peine de rencontrer et qui le présentent aussitôt à tout le groupe surréaliste. Une première projection publique est organisée au Studio des Ursulines où se presse le Tout-Paris artiste et intellectuel rameuté par les surréalistes. Buñuel est caché derrière l'écran où il sonorise en direct le film en alternant des disques de tango argentin et de *Tristan et Yseut* de Wagner. Il a rempli ses poches de cailloux pour les lancer sur le public en cas de chahut ou de huées. Mais la soirée est un succès. *Un chien andalou* est décrété en un soir grand film surréaliste et fait de lui, par cooptation, un membre de plein droit du groupe. Il est vrai qu'il répond parfaitement à la définition du surréalisme par André Breton : « Automatisme psychique pur par lequel on se propose d'exprimer, soit verbalement, soit de toute autre manière, le fonctionnement réel de la pensée. Dictée de la pensée, en l'absence de tout contrôle exercé par la raison, en dehors de toute préoccupation esthétique ou morale. »

Dès ce premier film, ce qui va constituer pendant cinquante ans la singularité du cinéma de Buñuel est déjà là, pour l'essentiel. *Un chien andalou* fonde sa poétique du *surgissement des images* qui sera à l'œuvre dans tous ses films, jusque et y compris dans ses mélodrames mexicains. Dès l'écriture, toute logique de liaison rationnelle des images (la narration, la psychologie, les rapports de causalité ou de temporalité) est éradiquée au profit de la seule logique de l'inconscient pour laquelle ni le temps, ni l'espace n'existent. Le processus de surgissement et d'enchaînement des images relève des figures du déplacement et de la condensation analysées par Freud dans *L'Interprétation des rêves*.

Au cœur de ce premier film se trouve déjà l'expression directe et centrale du grand sujet constant de Buñuel : le désir et son empêchement. Le désir est ce qui surgit à l'improviste, ce qui excède toute rationalité, toute logique du récit, toute idéologie, toute conviction et toute morale personnelles. Dans *Un chien andalou*, Buñuel filme la puissance hallucinatoire du désir de son personnage masculin qui pulvérise le principe de réalité, les lois de l'espace-temps, le principe d'identité : des livres se convertissent en revolvers, des seins en fesses, un papillon en tête de mort, une aisselle en oursin. Un homme peut être en même temps dans une chambre et dans un parc. Le temps n'est plus linéaire. Mais cet homme va être sans cesse empêché dans la réalisation de son désir. Par la femme elle-même, qui oscille entre complaisance et résistance. Mais surtout par lui-même : au moment où il semble avoir acculé la jeune femme dans un coin de la chambre d'où elle ne peut plus lui échapper, il se précipite sur deux bouts de corde, les attrape et avance vers elle avec la plus grande difficulté car il traîne derrière lui, attaché à ces cordes, tout un bric-à-brac qui l'empêche d'atteindre l'objet de son désir. Pour la première fois, avec ce premier film, Buñuel met en scène la puissance de surgissement du désir chez son personnage en même temps que l'obstacle qu'il met lui-même à son accomplissement. C'est le désir en soi qu'aime avant tout Buñuel, dont il s'évertue à retarder indéfiniment l'épuisement dans la consommation. *L'Âge d'or* va le confirmer.

Jean Vigo parle d'*Un chien andalou*

« *Un chien andalou* est une œuvre capitale à tous les points de vue : sûreté de la mise en scène, habileté des éclairages, science parfaite des associations visuelles et idéologiques, logique solide du rêve, admirable confrontation du subconscient et du rationnel.
[...]
Un chien andalou hurle, qui donc est mort ?
Elle est soumise à dure épreuve, notre veulerie, qui nous fait accepter toutes les monstruosités commises par les hommes lâchés sur la terre, quand nous ne pouvons supporter sur l'écran la vision d'un œil de femme coupé en deux par un rasoir. Serait-ce spectacle plus affreux que celui offert par un nuage voilant la lune et son plein ?
Tel est le prologue, il faut avouer qu'il ne saurait nous laisser indifférents. Il nous assure que, dans ce film, il s'agira de voir d'un autre œil que de coutume, si je puis dire.
Tout au long du film, la même poigne nous secoue.
Nous pouvons voir dès la première image, sous l'aspect d'un enfant grandi trop vite et qui va par la rue, à bicyclette, le guidon libre, les mains sur les cuisses, des mantelets de toile blanche un peu partout et qui lui sont comme autant d'ailes, nous

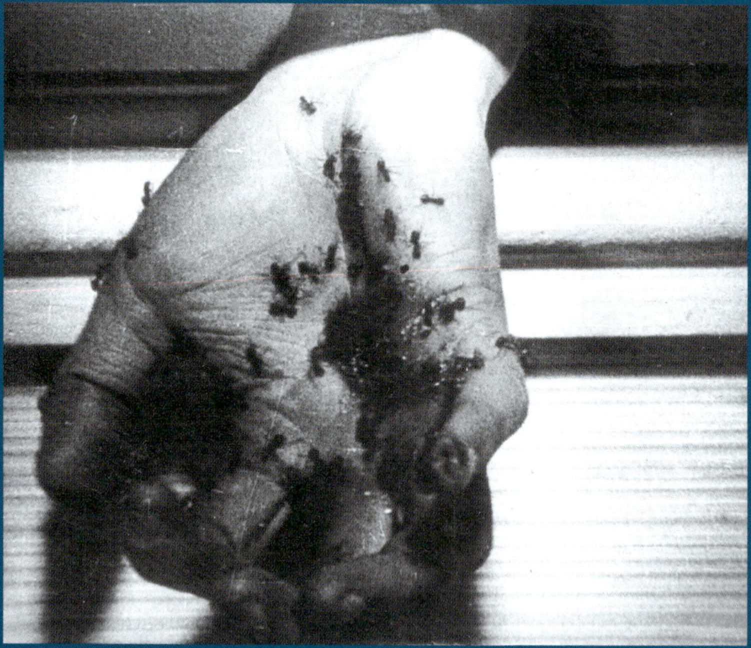

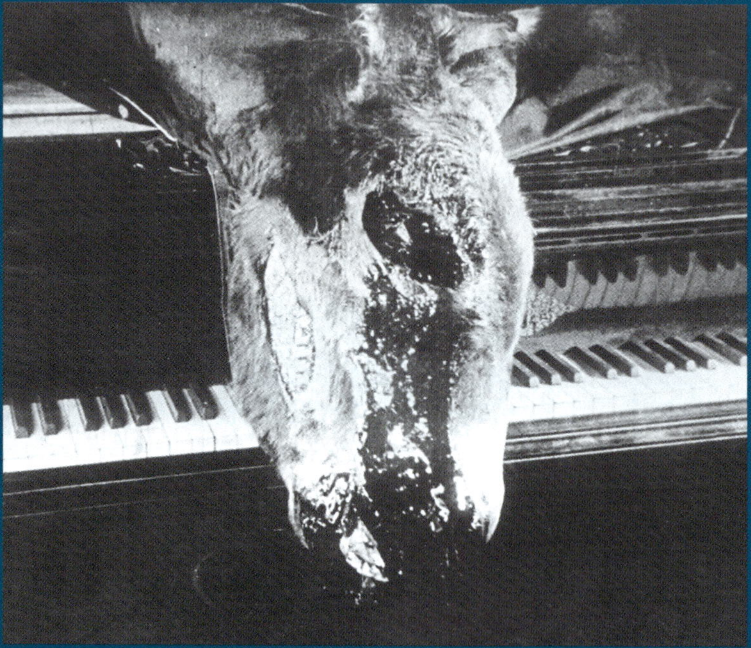

Un chien andalou.

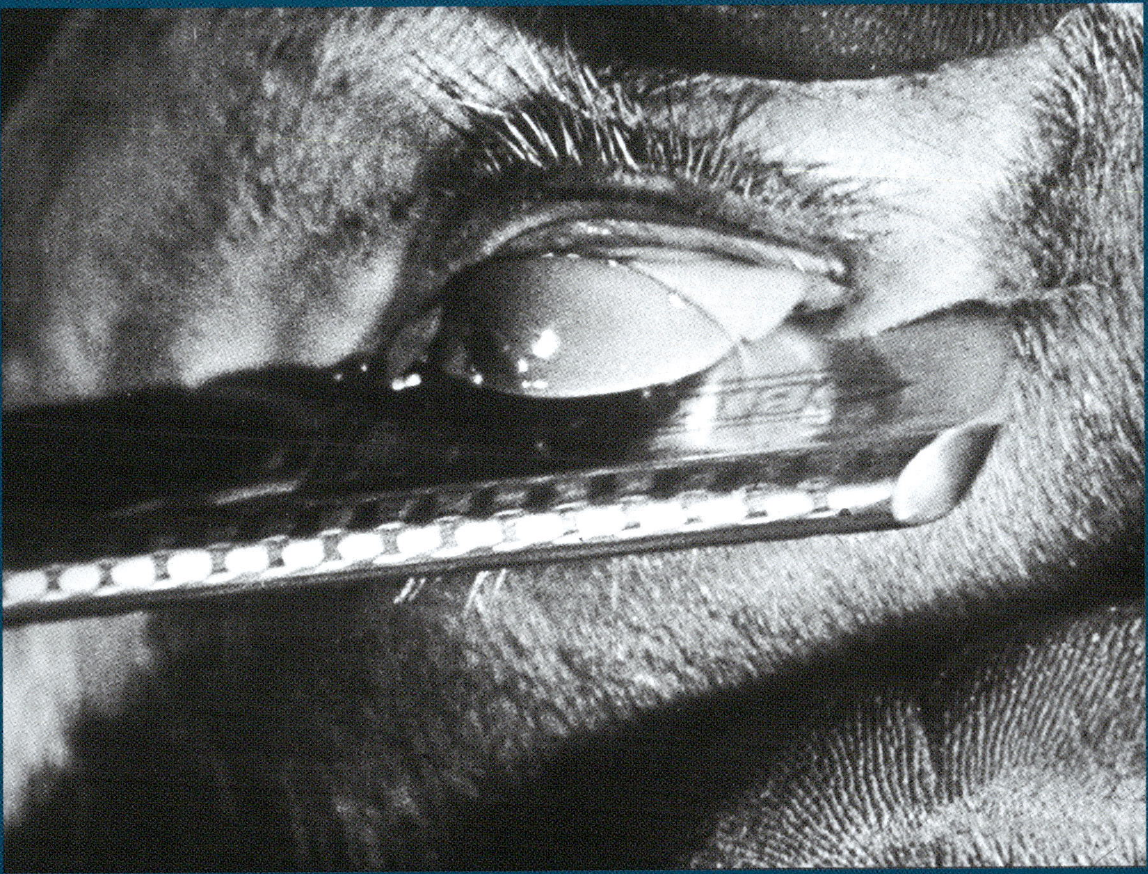

pouvons voir, dis-je, notre candeur, qui tourne à la lâcheté, aux prises avec le monde que nous acceptons (on a le monde que l'on mérite), ce monde de préjugés surfaits, de renoncements à soi-même et de regrets tristement romanesques.
M. Buñuel est une fine lame et qui ignore le coup de Jarnac.
Une botte aux cérémonies macabres, à cette ultime toilette d'un être, qui n'est déjà plus et dont seule la poussière pèse au creux du lit.
Une botte à ceux qui ont souillé l'amour dans le viol.
Une botte au sadisme, dont la badauderie est la forme la plus déguisée.
Et tirons un peu sur les ficelles de la morale, que nous nous passons au cou. Voyons un peu ce qui est au bout.
Un bouchon, voici au moins un argument de poids.
Un melon, pauvre bourgeoisie.
Deux frères de l'École Chrétienne, pauvre Christ !
Deux pianos à queue, bourrés de charognes et d'excréments, pauvre sensiblerie.
Enfin l'âne en gros plan, nous l'attendions.
M. Buñuel est terrible.
Honte à ceux qui tuèrent sous la puberté ce qu'ils auraient pu être et qu'ils cherchent tout le long du bois et de la grève, où la mer rejette nos souvenirs et nos regrets, jusqu'au dessèchement de ce qu'ils sont au printemps venu.
Cave canem… Prenez garde au chien, il mord. »

« Présentation de *À propos de Nice* » (14 juin 1930), repris dans Ado Kyrou, *Luis Buñuel*, Seghers, coll. « Cinéma d'aujourd'hui », 1962.

L'Âge d'or : Buñuel sans Dalí

Buñuel dit avoir renoncé au cinéma après *Un chien andalou*, se refusant, en bon surréaliste qu'il était devenu, à toute compromission avec le cinéma commercial. Il a néanmoins noté une vingtaine d'idées-gags qu'il raconte à Dalí, lequel se déclare prêt à écrire avec lui un deuxième film. À Paris, Buñuel est présenté aux Noailles qui lui proposent de réaliser en toute liberté un film d'une vingtaine de minutes dont ils seront les mécènes[3]. Buñuel accepte et part rejoindre Dalí à Cadaques, à Noël 1929. Dalí vient de rencontrer Gala, alors compagne de Paul Éluard. Buñuel la déteste dès leur première rencontre et pressent qu'elle va ruiner leur amitié. Pris d'une pulsion irrésistible, il tente même un jour de l'étrangler sous les yeux de Dalí. Du fait de cette brouille, qui ne sera jamais vraiment réparée, le rôle de Dalí dans le deuxième film de Buñuel va se réduire à quelques images, dont celle de la statue et de l'homme avec une grosse pierre plate sur la tête. Jeanne Rucar, devenue la fiancée de Buñuel, tient les comptes du film.

3. Marie-Laure et Charles de Noailles sont des aristocrates mécènes qui ont déjà produit, à l'époque de *L'Âge d'or*, *Le Mystère du château de Dé* de Man Ray (1929).

Buñuel raconte ainsi le sujet de *L'Âge d'or* : « Pour moi il s'agissait surtout d'un film d'amour fou, d'une poussée irrésistible qui jette l'un vers l'autre, quelles que soient les circonstances, un homme et une femme qui ne peuvent jamais s'unir. » L'articulation du désir et du social est au cœur de *L'Âge d'or*. Buñuel s'en donne à cœur joie dans ce portrait de groupe de la bourgeoisie « qui ne veut rien voir ni savoir » de ce qui n'est pas elle. Le char à bœufs de paysans qui traverse le grand salon leur est littéralement invisible. Lorsque le garde-chasse tue son fils d'un coup de fusil parce qu'il a renversé le tabac de sa cigarette, les convives de la réception jettent un regard distrait à la scène depuis leur balcon mais retournent aussitôt à leurs mondanités, comme si cet incident était sans la moindre importance. Quelques instants plus tard, en revanche, ils s'indignent d'une gifle reçue par une dame de leur compagnie. Chacun voit le scandale au filtre de sa vision sociale. Mais le désir, lui, peut surgir aussi bien chez une jeune fille de la bourgeoisie, chez un vieux chef d'orchestre que chez un « humanitaire » en mission officielle. Il se manifeste dans ce film sous la forme d'une aimantation irrésistible entre deux êtres, qui annule tout assujettissement aux lois de l'espace

Salvador Dalí et Luis Buñuel pendant le tournage de *L'Âge d'or* sur la Costa Brava en 1930.

et du temps. Les deux personnages attirés l'un par l'autre sont en communication psychique directe, aussi éloignés soient-ils l'un de l'autre. Les gestes compulsifs (le frottement masturbatoire répétitif) se transmettent à distance, par contagion, et prennent littéralement possession des personnages. Le temps non plus n'existe pas pour l'inconscient. Le désir n'a pas d'âge : le vieux chef d'orchestre est saisi d'un désir impératif qui lui fait abandonner son rôle social et affronter le scandale.

Plus mystérieux dans le film reste la longue scène initiale, presque languissante, de l'autre groupe social du film, celui des bandits (ou des révoltés) exténués, parmi lesquels on peut reconnaître Max Ernst et Pierre Prévert. Cette scène a été tournée dans le sévère paysage qui a été celui de nombreux tableaux de Dalí, à Cap de Creus, au nord de Figueras. Tout se passe comme si le désir d'action collective était empêché par une immense fatigue et s'éteignait avant d'atteindre son but. Mais un désir individuel irrépressible ressurgit aussitôt

Gaston Modot désigne à Lya Lys l'objet de son désir dans *L'Âge d'or.*

4. François Truffaut s'en souviendra dans *La Femme d'à côté* (1981), où les réminiscences du cinéma de Luis Buñuel sont nombreuses.

chez le couple qui s'enlace par terre, perturbant scandaleusement la cérémonie officielle. Aux yeux de Buñuel, qui est tout sauf bien-pensant, le désir est asocial et peut surgir n'importe où, n'importe quand, chez n'importe qui. Les situations comme celles de la réception mondaine (que l'on retrouvera dans *El*), où l'interdit social est plus lourd, ont toujours été propices, dans les films de Buñuel, au surgissement du désir scandaleux[4].

Deux scènes de *L'Âge d'or* ont largement contribué au scandale qui a accompagné sa première projection. La première est celle où Lya Lys suce voluptueusement le gros orteil d'une statue. La deuxième est la scène finale où Buñuel, qui vient juste de découvrir avec éblouissement le marquis de Sade, dont les œuvres circulent alors sous le manteau, filme la sortie du château de Selliny, où se déroule *Les 120 Journées de Sodome*. Le duc de Blangis en Christ épuisé est joué par un acteur « spécialisé » dans le rôle du Christ.

Le duc de Blangis sort du Château de Selliny à la fin de *L'Âge d'or.*

L'Âge d'or est l'un des premiers films parlants tournés en France. Buñuel pense avoir inventé la voix intérieure dans la scène où le couple est assis dans le jardin alors que le dialogue est celui de l'intimité d'un lit : « Approche ta tête, ici l'oreiller est plus frais. Tu as sommeil ? Quelle joie d'avoir assassiné nos enfants... » La voix off est celle de Paul Éluard.

Pour la première du film, Les Noailles invitent le Tout-Paris au cinéma Panthéon. Leurs invités et amis, choqués, sortent de la projection sans les saluer. Ils sont exclus du Jockey-Club et menacés d'excommunication pour avoir produit ce film. Il sort en salle mais est interdit une semaine plus tard par le préfet Chiappe au nom du maintien de l'ordre public, à la suite de critiques virulentes dans la presse et de raids de l'extrême droite dans la salle du Studio 28. *L'Âge d'or* restera interdit pendant cinquante ans, en France comme aux États-Unis.

Page de droite :

Les jambes de Silvia Pinal et Fernando Rey dans *Viridiana*.

Les années d'exil, de guerre et d'errance (1930-1946)

Au moment de la sortie de *L'Âge d'or*, en décembre 1930, Buñuel embarque pour les États-Unis, à l'invitation de la MGM, pour « apprendre comment on réalise un film à Hollywood ». Il achète une Ford, une carabine, son premier Leica, et commence à rôder sur les plateaux du studio. Il aime l'Amérique mais l'expérience ne sera pas profitable. Un jour Greta Garbo fait virer cet intrus de son plateau. Rapidement, Buñuel ne vient plus au studio que pour toucher son chèque en fin de semaine. Il est souvent invité avec ses amis espagnols chez Chaplin – grand admirateur d'*Un chien andalou* – où il rencontre Eisenstein. Un jour, le producteur Irving Thalberg lui demande d'aller voir les essais de l'actrice Lily Damita pour savoir si elle a un accent lorsqu'elle parle espagnol. Buñuel refuse en déclarant qu'il a été engagé comme Français et qu'il n'est pas là pour aller « écouter les putains ». Le lendemain, il démissionne et embarque pour la France sur le *Lafayette*. À Paris il retrouve Jeanne. Ils partent pour Madrid où ils arrivent deux jours avant le départ du roi et la proclamation de la République espagnole.

Pendant les cinq années qui précèdent la guerre civile, Buñuel va vivre à Paris, où il réalise des doublages pour la Paramount, puis à Madrid à partir de 1934. C'est à cette époque qu'il commence à se détacher du groupe surréaliste qu'il finira par quitter, déçu par le goût du luxe et de la publicité autour de leur personne manifesté par ses anciens amis. Il travaille quelque temps à un projet d'adaptation des *Caves du Vatican* d'André Gide, qui doit se tourner en Russie. Mais le projet tombe à l'eau et il entreprend le tournage de son troisième film, *Terre sans pain*.

Terre sans pain, un documentaire surréaliste

Terre sans pain est né de la lecture d'un texte de Miguel De Unamuno et d'une thèse de doctorat – qualifiée par Buñuel de « merveille[5] » – sur Las Hurdes, une région enclavée du nord de l'Estrémadure, terriblement à l'écart des progrès de tous ordres, quasiment figée dans le Moyen Âge. Un ami anarchiste, Ramón Acín, avait promis de lui payer un film s'il gagnait à la loterie. Il gagne un jour cent mille pesetas et lui en donne vingt mille. Avec cet argent Buñuel achète une

5. Maurice Legendre, directeur de l'Institut français de Madrid, avait enquêté vingt ans pour écrire cette thèse sur tous les aspects de la région : botanique, zoologie, sociologie, climatologie, etc.

Le raccord-Buñuel

Il y a un « raccord-Buñuel » qui outrepasse largement les règles de la continuité spatiotemporelle et de la relation de causalité du montage classique. Ce type de raccord est l'une des pièces maîtresses de sa poétique.

Au début de *Viridiana*, la novice prend possession de sa chambre, le soir de son arrivée au domaine de son oncle. Elle libère les cheveux de son voile, dégrafe sa robe de nonne et enlève ses bas. Son oncle, pendant ce temps, est en train de jouer d'un petit orgue dans une autre pièce. Au moment même où apparaît la nudité des jambes de Viridiana dans l'intimité de la chambre, Buñuel fait une coupe sèche. Dans le plan suivant la caméra remonte le long de l'instrument de musique (le début de ce plan est noir comme une syncope) et dévoile le visage de l'oncle, ému et concentré, sans doute sur la musique. Mais il ferme les yeux juste à ce moment-là comme s'il avait vu à distance quelque chose qu'il ne s'autorise pas à regarder, la nudité des jambes de sa nièce. Ce raccord devient du même coup un raccord mental à retardement.

Lorsque Tristana embrasse pour la première fois le jeune peintre qu'elle vient de rencontrer, Buñuel raccorde *cut* sur un mouvement un peu convulsif de don Lope, comme si celui-ci avait vu (ou en tout cas ressenti) « à distance » cette première trahison de la femme sur laquelle il veille jalousement.

Ces raccords entre deux personnes éloignées dans l'espace mais qui sont pourtant en communication affective directe participent d'une conception « surréaliste » de la relation entre deux êtres liés par une force qui les aimante l'un vers l'autre, et qui excède largement le simple montage parallèle. Toute l'œuvre de Breton est sous le signe de ces communications mystérieuses et instantanées entre deux êtres, qui participent des déterminations magiques du hasard objectif.

Un chien andalou et *L'Âge d'or* sont fondés en grande partie sur ce type de raccord qui impose une logique de la toute-puissance du désir plus forte que les lois ordinaires du monde. L'homme et la femme que l'on a vus, au début de *L'Âge d'or*, s'enlacer à même le sol, scandalisant les participants d'une cérémonie officielle, se retrouvent séparés par l'arrestation de l'homme. Commence alors une séquence magique où l'homme marche dans les rues, accompagné des deux policiers qui viennent de l'arrêter, pendant que la femme

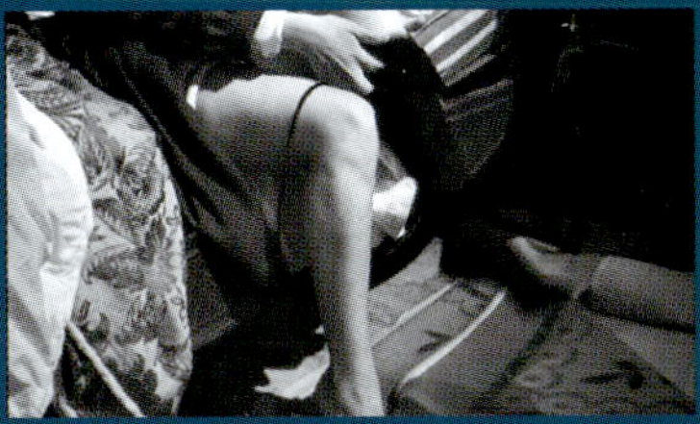

erre dans le salon familial où se prépare une réception mondaine. Mais tous deux sont en communication directe, par un désir qui les tend l'un vers l'autre malgré l'intervalle qui les sépare. Les raccords entre les plans de l'un et de l'autre sont la négation visible de leur séparation objective. Jean Vigo a magistralement pratiqué ce type de raccord de désir dans la scène de *L'Atalante* (1934) où le couple objectivement séparé est réuni dans la même rêverie érotique à distance.

Buñuel ne renoncera jamais, après son époque surréaliste, à pratiquer de façon discrète dans ses films plus classiques ce type de raccord où le mental, la pulsion, l'affect l'emportent sur les règles habituelles du montage. La voyance y prend le pas sur la simple vision.

voiture et part avec Pierre Unik, qui écrira avec lui le commentaire du film, et le chef opérateur Eli Lotar, équipé d'une caméra prêtée par Yves Allégret. Pendant dix jours, Buñuel visite la région en prenant des notes qui seront son seul scénario.

Ce sera l'unique film à proprement parler *documentaire* du cinéaste, même si dans l'univers de Buñuel, les frontières entre les images tournées « les yeux ouverts » et celles tournées « les yeux fermés » se ressemblent parfois de la façon la plus troublante. Les habitants affaiblis par la famine et la maladie rappellent les rebelles exténués du début de *L'Âge d'or*. Un plan de *Terre sans pain*, saisi dans la réalité, montre la coquille-cercueil d'une petite fille glissant sur l'eau d'une rivière. Cette image ressurgira presque à l'identique, des années plus tard, dans *La Montée au ciel*. Le plan d'une grande violence visuelle de la tête de l'âne tué et dévoré par les abeilles dont il transportait les essaims ressemble étrangement, alors que cette image a surgi dans le réel, au plan mis en scène des têtes d'ânes morts d'*Un chien andalou*, sur lesquelles Dalí avait eu l'idée de faire couler de la poix. Buñuel semble avoir été magiquement porté, en tournant ce film, par la croyance surréaliste selon laquelle la réalité est souvent grosse d'un surréel qu'il suffit d'accueillir et de voir. La réalité rencontrée à Las Hurdes lui a offert sur un plateau des images qu'il avait déjà mentalement imaginées.

Buñuel se souvient avoir monté ce film sans visionneuse, sur la table de sa cuisine, en regardant directement les images sur la pellicule avec une loupe, comme aux débuts du cinéma. Il reste quelque chose de rude et de puissant dans le rapport des images entre elles, un côté brut et cousu à gros points à la main, sans fioritures ni raccords sophistiqués, qui participe de l'extraordinaire présence de chaque plan. La sécheresse impassible du commentaire, le ton de la voix qui le prononce, contribuent à la totale étrangeté de ce film unique qui laisse dans la tête du spectateur des images du réel aussi indélébiles que les images conçues à cet effet d'*Un chien andalou*.

Le film sera interdit parce qu'il ne montre que le pire de ce qu'il y a à voir à Las Hurdes. « Que j'ai filmé ce qu'il y avait de pire, dit Buñuel, ça c'est vrai, sinon quel intérêt le film aurait-il ? » Cette politique du pire pour susciter un

meilleur, on la retrouve dans la mise en scène truquée de ce plan, désormais célèbre, où l'on voit une chèvre tomber, « accidentellement » selon le commentaire. Mais on distingue nettement, dans le plan, la fumée du coup de feu qui a « aidé » cette chèvre à tomber, un coup de revolver tiré par Buñuel lui-même. À ceux qui ont critiqué la double immoralité de cet acte[6], il a répondu avec conviction que *montrer* a un impact beaucoup plus grand que simplement *raconter*, et qu'il lui fallait heurter les sensibilités, avec son film, dans l'espoir de faire réagir les autorités pour améliorer plus tard les conditions de vie dans cette région déshéritée. Un mal pour un bien, en quelque sorte, et aucunement de la cruauté gratuite dont Buñuel ne semble capable que les yeux fermés. « Quand je ferme les yeux, disait-il à son ami Max Aub, je suis anarchiste, nihiliste, jusqu'à ce que je les ouvre. »

La chèvre qui tombe dans un plan avec « poil » de caméra.

6. En tuant une chèvre pour les besoins de son film, le cinéaste truquait son documentaire et accroissait d'une certaine façon la pauvreté des paysans.

Les débuts de la guerre civile

Buñuel épouse Jeanne Rucar à Paris au début de 1934 et prend le train pour Madrid, où il supervise pendant quelques mois les doublages en espagnol des productions de la Warner Bros. Puis il s'associe à un petit producteur et devient exécutif sur trois films populaires dont il dirige certaines scènes mais qu'il refuse de signer comme coréalisateur. Les deux premiers, *Don Quintín l'Amer*[7] et *La Hija de Juan Simon*, connaissent un grand succès commercial. Puis Buñuel entreprend la production d'un film réalisé par Jean Grémillon, *Sentinelle, alerte!* (1935). Il remplace souvent le réalisateur français sur un tournage de plus en plus perturbé par les prémices de la guerre civile.

7. Buñuel réalisera un *remake* de ce film au Mexique en 1951.

Les deux versions de *Don Quintín l'Amer*, celle produite par Buñuel en 1935 en Espagne (en haut) et celle réalisée en 1951 au Mexique (en bas).

Buñuel, qui a envoyé Jeanne et leur fils Jean-Louis à Paris, assiste, en juillet 1936, aux premiers affrontements dans les rues de Madrid, aux fusillades, aux exécutions sommaires qu'il désapprouve. « Désorienté, incrédule », il commence à se démarquer des anarchistes vers qui jusque-là sont allées ses sympathies. Il regrette leur manque d'organisation, leur inefficacité et les injustices qu'ils commettent : « Je voyais sous mes yeux un vieux rêve réalisé et je n'y trouvais qu'une certaine tristesse. » Il apprend le 19 août l'assassinat de García Lorca, l'ange de sa génération, nouvelle qui est pour lui et tous ses amis un choc terrible. Il se met à la disposition du gouvernement qui l'envoie en mission à Paris. Dans un premier temps son travail consiste à recueillir des fonds pour la guerre, puis il est affecté à l'ambassade d'Espagne. Il y est chargé de la propagande à l'étranger du gouvernement républicain et voyage beaucoup à travers toute l'Europe, acteur involontaire d'épisodes souvent rocambolesques. Il aide les réalisateurs engagés, comme André Malraux, Joris Ivens ou Jean-Paul Le Chanois, à tourner des films favorables aux républicains[8]. Il supervise et écrit le commentaire d'un film de propagande, *Espagne 37*, réalisé par Le Chanois, destiné à mobiliser les ouvriers français. Mais en Espagne, le territoire contrôlé par les républicains se réduit de jour en jour, les forces franquistes progressent.

8. *Terre d'Espagne* de Joris Ivens (1937), *Espagne 37* (ou *Madrid 1937*) de Jean-Paul Le Chanois, *L'Espoir* d'André Malraux (1939).

Hollywood-New York-Hollywood

Dix mois avant la fin de la guerre, le gouvernement républicain envoie Buñuel à Hollywood superviser des films favorables à sa cause. Il a toujours pensé que la non-intervention de la France et de Roosevelt avaient contribué à la défaite et que le cours de l'histoire de l'Espagne aurait pu être tout autre si leur attitude avait été plus courageuse. À la fin de la guerre civile, Buñuel se retrouve aux États-Unis, sans argent et sans travail, déprimé, en mauvaise posture. « Période noire, dit-il. Prêt à faire n'importe quoi. »

En janvier 1940, au début de la Seconde Guerre mondiale, il est engagé au Museum of Modern Art de New York (MoMA) pour travailler à la propagande cinématographique. Sa première mission est de monter une version raccourcie du *Triomphe de la volonté* de Leni Riefensthal[9] pour montrer aux autorités politiques et aux gens influents sur l'opinion, comme Chaplin ou René Clair, l'efficacité de la propagande allemande. Son rôle est aussi de repérer et de sélectionner les films antinazis pour les distribuer en trois langues en Amérique du Nord et en Amérique latine. Il retrouve à New York André Breton, Max Ernst, Marcel Duchamp, Fernand Léger, Saint-Exupéry. Il y retrouve aussi Dalí qui a pris parti pour le camp franquiste pendant la guerre civile et publie *La Vie secrète de Salvador Dalí*, ouvrage dans lequel Buñuel est qualifié d'athée. Malgré le soutien de ses amis du MoMA, une campagne de dénigrement de l'auteur athée d'un film scandaleux, *L'Âge d'or*, le pousse à démissionner. Commence alors pour lui une deuxième période noire où il se retrouve à nouveau sans emploi, aux prises avec l'une des violentes crises de sciatique qui l'ont fait souffrir toute sa vie. Il retourne pour deux ans à Los Angeles où il travaille aux versions espagnoles des films de la Warner Bros.

Pendant ces quatorze années où il n'a pas tourné, Luis Buñuel a joué un rôle d'ambassadeur culturel au service de l'Espagne républicaine. Destin étrange quand on connaît son refus de toute compromission, son goût du scandale et de la provocation surréalistes. Sans doute sa forte personnalité, son intégrité et son magnétisme ont-ils compensé les rugosités de son comportement impulsif et intransigeant, tout sauf diplomatique.

9. Cinéaste ralliée au régime hitlérien, Leni Riefensthal a tourné ce film pendant le congrès de Nuremberg en 1934. Il constitue à la fois un témoignage et une exaltation du cérémonial nazi (culte du chef, parades gigantesques...).

Luis Buñuel à New York en 1942.

Buñuel mexicain

De *Los Olvidados* à *La Jeune Fille*

C'est presque par hasard que Luis Buñuel s'est retrouvé en 1946 au Mexique, où il devait tourner vingt de ses trente-deux films. Cela fait partie du hasard de ces bifurcations imprévisibles des destins individuels qui ont fasciné Buñuel toute sa vie. Il est sur le point de prendre la nationalité américaine lorsqu'il accompagne une amie, Denise Tual, pour un séjour de trois jours. « Suivons avec admiration les détours subtils du hasard », écrit-il à propos de ce voyage d'agrément où il croise à Mexico le producteur Oscar Dancigers, qu'il a connu à Paris, au café des Deux Magots, et qui lui propose de venir travailler auprès de lui. Buñuel n'hésite pas une seconde, va chercher sa femme et ses deux fils à Los Angeles et s'installe à Mexico.

Il sait qu'il entre dans un système de production de films de genres, populaires, à très petits budgets, avec des acteurs, souvent imposés, adulés du public d'Amérique latine. La force et l'humilité de Buñuel seront d'accepter loyalement ce système, de tourner des sujets qu'il n'a pas toujours choisis. Dans le cadre de ces contraintes – bien loin de la liberté absolue de ses trois premiers films produits par mécénat –, il va réaliser quelques-uns de ses films les plus inspirés. On y voit à l'œuvre cette extraordinaire capacité de Buñuel à rester lui-même sans trahir le contrat implicite qui le lie à ce cinéma populaire. Il restera loyal jusqu'à sa mort à ce Mexique qui l'a accueilli à un moment des plus difficiles de son existence, et dont il est devenu citoyen dès 1949.

Page de gauche : Roberto Cobo (Jaíbo) dans *Los Olvidados.*

Ci-dessous : *Gran Casino* (en haut) et *Le Grand Noceur* (en bas).

Les orphelins et les déshérités de *Los Olvidados*.

Le grand Buñuel, le retour

Avec *Gran Casino*, « film à chansons », et *Le Grand Noceur*, grand succès commercial tourné en dix jours, Buñuel a prouvé sa bonne volonté à Dancigers qui lui propose de tourner un film sérieux « sur les enfants pauvres de Mexico ».

Pendant six mois Buñuel se promène dans les quartiers pauvres de la ville, à la recherche de personnages, de bribes d'histoire, de détails vrais – comme le lit bourgeois en bronze dans une chambre de bidonville. Ce travail d'enquête sur le terrain manifeste le désir de faire un film « les yeux ouverts », d'un « point de vue documenté » aurait dit Jean Vigo. Cette visée réaliste critique n'empêchera pas le cinéaste d'introduire dans *Los Olvidados* des séquences relevant d'un cinéma des « yeux fermés », des rêves mais aussi des images irrationnelles qui surgissent sans crier gare au milieu des scènes les plus réalistes, comme ce coq qui se trouve nez à nez avec l'aveugle agressé et jeté au sol par la bande de Jaíbo.

Jaíbo et le désir dans *Los Olvidados*.

Jaíbo, le jeune délinquant tout juste évadé du centre de détention, est la plus belle figure du mal, et de sa fascination, de tout le cinéma de Buñuel. Chef de bande charismatique, il incarne en même temps la pulsion de destruction et le désir sexuel. Jaíbo circule dans le film comme du vif-argent, toujours là quand il y a une mauvaise action à accomplir (voler un aveugle, dépouiller un cul-de-jatte), quelque chose à détruire, mais il est aussi l'incarnation même du désir. Son mode d'apparition est le surgissement dans le plan. Chaque fois que Pedro est en voie de s'intégrer (chez le coutelier où il est apprenti, dans la ferme pédagogique), Jaíbo le retrouve pour le détourner du bon chemin et le ramener vers le mal. Chaque fois qu'une femme découvre ses jambes (la jeune fille, la mère de Pedro), il surgit dans le plan à la vitesse fulgurante du désir. Buñuel a de toute évidence la même tendresse pour lui que pour tous les autres sacrifiés de la société qui constituent la population des orphelins et des déshérités de son film. Il est de leur côté et à leurs côtés, sans les juger. Fait exception à cette

Le rêve de Pedro

Los Olvidados

Ce rêve de moins de trois minutes, très lisible, condense les enjeux essentiels du film pour Pedro. Il met en scène son désir le plus fondamental : être aimé par sa mère. Ce non-amour, qui est le camp de base de son malheur, s'est manifesté dans une scène précédente par le refus de sa mère de lui donner à manger. Pedro porte un lourd secret : il est le seul à avoir assisté au meurtre de Julian (le voyou repenti qui travaillait honnêtement, le bon fils qui veillait sur son père alcoolique) par Jaïbo, figure du mal, qui lui a fait comprendre que leurs destins étaient maintenant liés par cette complicité. La présence du cadavre de Julian sous son lit traduit dans son rêve le sentiment qu'il n'arrivera plus à se débarrasser de ce « cadavre dans le placard ». Il se sent doublement coupable : de cette mort, mais aussi des mains abîmées de sa mère qui travaille pour nourrir seule ses enfants. Dans son rêve, Pedro justifie ainsi par de l'autoculpabilité le non-amour de sa mère à son égard. Tout est préférable à un rejet sans raison de sa demande d'amour.

Comme souvent chez Buñuel, il s'agit tout autant d'un rêve du film que d'un rêve du personnage. Le matériel provient intégralement de scènes que l'on a vues précédemment dans le film. La structure générale est une variation de la scène où la mère de Pedro lui a refusé de la nourriture qu'elle venait de rapporter à la maison, avec, chose rare, de la viande. Dans le rêve, alors qu'elle commence par les mêmes reproches que dans la scène réelle, elle finit par lui donner ce quartier de viande, de taille impressionnante, signe excessif de pardon et d'amour. Mais Jaïbo vient se substituer sous le lit à sa victime Julian et s'interpose entre Pedro et sa mère pour lui voler le signe concret de cet amour. Cette séquence du rêve est prémonitoire puisque plus tard dans le film, Jaïbo le prédateur couchera avec la mère. On a déjà vu plusieurs volatiles depuis le début du film (la colombe attachée sous le lit avec lequel l'aveugle soigne une femme malade ; le coq qui se retrouve face à l'aveugle battu par la bande à Jaïbo ; la poule qui a fait don d'un œuf à Pedro, chez lui). Par un déplacement caractéristique du travail du rêve, ce n'est plus la colombe qui est sous le lit, comme dans la scène du guérisseur, mais le cadavre au rictus de souffrance et d'imploration de Julian. La poule, en lever de rideau du rêve, tombe au ralenti comme dans une chronophotographie scientifique de Marey sur la chute des animaux. La poésie naît du documentaire, et du ralenti qui transforme cette poule suréclairée en fantôme blanc.

Ce rêve, l'un des plus émouvants de Buñuel, grand filmeur de séquences oniriques, a été réalisé avec des techniques très simples, presque primitives. Une surimpression à la Cocteau, à l'entrée dans le rêve, lorsque le corps transparent de Pedro se redresse pendant que son corps endormi reste dans le lit. Des éclairages très contrastés, avec des éclairs (obtenus avec un arc électrique) qui viennent par moments flasher l'image. Le ralenti qui déréalise la scène, notamment sur la mère en blanc qui avance vers son fils comme une apparition virginale, réalisation du désir d'amour où l'affect participe directement de l'émotion même de l'image. Les raccords *cut* plan sur plan sur Julian sous le lit, la bande-son travaillée de façon très arbitraire par rapport aux images – le bruit de caquètement des poules, le son de vent violent dans ce décor d'intérieur –, la disjonction entre les paroles que l'on entend et les visages des personnages dont la bouche reste fermée participent pour une large part à la sensation onirique de la scène.

Pourquoi ne m'as-tu pas donné
de viande, l'autre soir ?

Donne !
C'est à moi, rien qu'à moi.

morale de cinéaste le personnage de l'aveugle, avare, sournois, délateur, exploiteur, pédophile en puissance, qui vit dans la nostalgie de la « belle époque » de « son » général Porfirio Diaz, où l'on fusillait pour l'exemple un voleur de pain.

Le mal n'est pas seulement social. Il y a aussi dans ce film une origine individuelle du malheur et de la détresse : le non-amour de la mère. Les demandes d'amour des fils tombent dans le vide. Pedro et Jaíbo se rejoignent dans cette détresse initiale d'avoir été abandonnés, non aimés, sous le regard pour une fois compatissant (il n'aurait pas aimé le mot) du cinéaste. La toute jeune fille est la figure inverse de la mauvaise mère, elle est la Vierge chère à Buñuel. Dans un plan à la beauté inoubliable, où elle dort dans sa crèche, un âne vient lui annoncer derrière la vitre qu'on est en train d'assassiner le jeune garçon. Une terrible fuite en Égypte va suivre cette annonce faite à la Vierge, où le corps de Pedro, transporté dans un sac, à dos d'âne, va être jeté dans une décharge sauvage, dernier plan d'un film sans merci et sans consolation. Comme toujours chez Buñuel, il y a un érotisme innocent de la vierge qu'il se délecte à filmer, comme dans ce plan où elle se verse du lait sur les jambes.

Los Olvidados est l'un des films les plus réalistes de Buñuel. Mais, comme par compensation, c'est aussi l'un des films où surgissent et circulent le plus d'images inoubliables, obéissant à la logique du rêve. On y trouve des

Jaíbo tente de voler un baiser à la jeune fille de *Los Olvidados*.

images « contagieuses », comme celle du geste de frapper à mort, des humains ou des poules. Sa mère a tué une poule au moment où il lui demandait de l'amour, il va tuer des poules au moment où quelqu'un pour une fois veut lui en donner. On y trouve aussi deux des plus beaux rêves localisés de son œuvre. Le rêve de Pedro qui condense en quelques minutes l'inextricable nœud psychique dans lequel se trouve étranglé tout espoir d'avenir pour lui. Le rêve de Jaíbo au moment de sa mort, où il glisse sans espoir de retour dans un trou noir habité par un chien funeste qui rôde sur un sentier visqueux.

Le film est très contesté lors de sa première sortie à Mexico, la plupart des critiques lui reprochant une vision trop sombre, déformée, insultante même pour le pays qui a accueilli son auteur. *Los Olvidados* est présenté au Festival de Cannes où Octavio Paz le défend contre le déchaînement de la presse nationale mexicaine. La critique internationale, elle, salue le retour de Buñuel comme grand cinéaste.

« Petits-Yeux » et l'aveugle dans *Los Olvidados*.

Susana, le corps étranger

Moins de six mois après *Los Olvidados,* Buñuel entreprend le tournage de *Susana la Perverse*. Apparemment, tout sépare ces deux films. Contrairement à *Los Olvidados*, film personnel et ancré dans le réel dans lequel le cinéaste retrouvait les ambitions de ses débuts, *Susana* se présente comme un mélodrame moralisant que le producteur a entrepris pour faire briller sa femme, Rosita Quintana, qui interprète la si mal nommée « perverse » du titre français. Son personnage préfigure en fait l'ange de *Théorème* de Pasolini[10]. Elle séduit tous les hommes de l'hacienda avec une application de brave petit soldat mais sans une once de perversion. Susana est en fait le trou noir du film : elle provoque les désirs, les jalousies, les bons et les mauvais sentiments. Les hommes se battent pour elle et sa présence suffit à mettre en crise le lien social, à fissurer le vernis des apparences. Mais le film ne nous dira jamais rien sur son désir à elle. Susana est purement et simplement un corps étranger dans cette hacienda où règne l'ordre, social, familial et moral. Buñuel la filme comme tel lorsqu'on la dépose érotiquement dégoulinante sur le canapé, plus que nue dans sa robe moulée et mouillée. La désirabilité de son corps (pour les grossiers appétits sans malice des hommes de l'hacienda) est sa seule arme pour sa survie et pour échapper au centre pénitentiaire. Elle s'en sert comme d'un simple outil de sa liberté, sans le moindre ménagement : il n'est qu'à voir la hargne avec laquelle elle tire sur ses robes pour dégager ses épaules, comme un paysan bêche, quand elle part à l'attaque d'un nouvel homme de la maisonnée. Comme dans *Les Temps modernes* de Chaplin (1936), la jeune fille échappée de l'enfermement fait éclater par sa seule présence physique, sa gestuelle éclatante, toutes les hypocrisies sociales.

Le film s'ouvre sur une réalisation miraculeuse de désir. Susana est enfermée dans une cellule de prison et invoque Dieu pour lui demander sa libération. Elle voit alors une mygale traverser la découpe de lumière, sur le sol, où les barreaux de la fenêtre dessinent une croix. Elle réussit alors à écarter ces barreaux avec une facilité déconcertante, comme si Dieu avait exaucé sa prière. Ce film que l'on pourrait croire conventionnellement mélodramatique est traversé d'images clés pour l'érotique de Buñuel. Au début

10. *Théorème* (1968), de Pier Paolo Pasolini, raconte la crise des comportements et des consciences provoquée par un jeune homme, beau comme un ange, qui séduit à tour de rôle tous les membres d'une famille de la grande bourgeoisie industrielle du nord de l'Italie : le père, la mère, le fils, la fille et la bonne.

Susana (Rosita Quintana) et ses trois hommes dans *Susana la Perverse*.

du film, dans une très belle scène de contagion érotique, Susana fait circuler le désir d'homme en homme. Elle frôle le père qui embrasse aussitôt après sa femme avec une passion qu'elle ne lui connaissait plus depuis longtemps. Puis Jesús, le contremaître macho, écrase les œufs qu'elle tient dans son tablier en voulant l'étreindre avec fougue. Elle vient alors draguer le fils intellectuel timide avec sa robe encore tachée des œufs écrasés que l'on a vu couler le long de ses cuisses.

La présence de Susana a dressé le fils contre le père, le père contre sa femme, la contremaître contre son patron. La restauration finale de l'ordre moral et social est le plus ironique des *happy ends* : « J'aurais bien aimé, dit Buñuel, que Susana triomphe dans le film, mais ça, ça doit rester entre nous. »

La Montée au ciel et *Robinson Crusoé*

En 1951, Buñuel tourne trois films, *Don Quintín l'Amer*, *Une femme sans amour* et *La Montée au ciel*. *Don Quintín l'Amer*, que le cinéaste a toujours considéré comme alimentaire et raté, son « plus mauvais film », est un *remake* de celui qu'il a produit en Espagne en 1935. *Une femme sans amour* est inspiré de la nouvelle *Pierre et Jean* de Guy de Maupassant, dont André Cayatte a déjà fait une adaptation en 1943 que Buñuel affirme avoir copiée quasiment plan par plan pour gagner du temps pendant le tournage en studio.

La tentatrice (Lilia Prado)
et le jeune marié (Estebán Marquez)
de *La Montée au ciel*.

La Montée au ciel a été tourné lui aussi dans des conditions économiques très précaires. En témoigne la pauvre maquette bricolée et très amateur, qui ne manque pourtant pas de charme, où l'autobus ressemble à un jouet et les rochers à du carton-pâte. Le scénario n'a pu être tourné en entier. Le directeur de production a même été séquestré pour impayés dans un hôtel. Buñuel s'est autorisé de cette précarité pour improviser des scènes d'une pure et brute poésie cinématographique. Deux d'entre elles ont pour sujet une même petite fille. Dans la première elle accomplit une sorte de miracle où elle fait triompher la grâce sur la pesanteur : les deux bœufs, sur lesquels elle semble avoir un ascendant magique, lui obéissent au doigt et à l'œil, comme à une fée des champs, et tirent sans effort l'autocar enlisé dans la boue d'une rivière. Dans la seconde, quelques heures plus tard,

La Montée au ciel.

son père monte dans le même autocar avec un petit cercueil dont il ouvre une fenêtre (comme dans *Vampyr* de Carl Theodor Dreyer, 1932) pour montrer aux passagers le visage de sa petite fille dans le sommeil de la mort. Ce film est imprégné d'érotisme grâce à la présence gigotante et épicée de la jeune actrice qui interprète la femme tentatrice, Lilia Prado. Buñuel a improvisé dans ce film le plus kitsch de ses rêves, figuré de bric et de broc, où le jeune marié est tenté par cette nouvelle Ève dans un jardin d'Éden reconstitué avec quelques plantes grasses dans l'autocar à tout faire.

Buñuel s'est défendu d'avoir imposé sa vision personnelle au roman de Daniel Defoe. On trouve pourtant dans son *Robinson Crusoé*[11] des préoccupations et des inflexions qui portent sa marque, comme le dialogue sur Dieu et le libre-arbitre entre Robinson et Vendredi, les mirages que peut faire surgir l'abstinence sexuelle forcée du naufragé lorsque Vendredi s'habille en femme, le rêve de Robinson assoiffé par la fièvre où son père l'empêche de boire en renversant le contenu de la cruche. Buñuel a profité de cette situation raréfiée, à deux personnages, pour se livrer à des recherches et des expérimentations sur la bande-son. Des bouffées de sons de sa vie passée viennent hanter la solitude de Robinson. Buñuel a inventé pour les premiers échanges avec Vendredi un langage insulaire : il demandait à l'acteur de dire les mots à l'envers.

11. Ce film, contrairement aux habitudes d'extrême rapidité de Buñuel, a demandé trois mois de tournage à cause de l'utilisation, pour la première fois hors du cinéma américain, de la pellicule Eastmancolor, qui demandait des conditions de lumière naturelle très précises et qui ne pouvait être développée qu'à Hollywood.

Les Aventures de Robinson Crusoé.

On a volé un tram.

Le Fleuve de la mort.

Deux cas d'obsession masculine

Même si Buñuel tourne trois autres films plus mineurs – *On a volé un tram*, *Les Hauts de Hurlevent* et *Le Fleuve de la mort* – entre *El* (1952) et *La Vie criminelle d'Archibald de la Cruz* (1955), ces deux films n'en constituent pas moins un diptyque sur deux cas d'obsession masculine, la jalousie paranoïaque pour le premier, le désir compulsif de meurtre pour le second. Les deux films commencent chacun par une scène originelle magistrale. Le coup de foudre de Francisco à l'église dans *El*, pendant la cérémonie du lavement des pieds. La scène primitive de l'obsession d'Archibald : petit garçon, il a connu un émoi érotique fondateur devant le cadavre de sa nurse atteinte par une balle perdue et tombant à ses pieds, la jupe retroussée, pendant qu'une boite à musique égrenait ses notes grêles.

Jacques Lacan, dit-on, montrait régulièrement *El* à son auditoire de Sainte-Anne, le film étant à ses yeux cliniquement exemplaire sur la paranoïa de jalousie. L'aspect « étude de cas » de *El* ne l'empêche pas d'être aussi l'un des films où Buñuel reconnaît avoir mis le plus de lui-même dans le personnage. Il est vrai, dirait Godard, qu'il y a « el » dans « Buñuel ». La première scène articule immédiatement le documentaire et la fiction, le désir et l'interdit religieux. En pleine cérémonie dont il est un officiant laïque, Francisco, notable respecté et respectueux des traditions, a le coup de foudre[12] pour les pieds d'une femme enchâssés dans d'élégants escarpins. Son regard remonte de cet objet de désir (les

12. Jacques Lacan résumait, dit-on, le scénario de *El* par la formule : « du coup de foudre au fou de coudre », faisant allusion à la scène où Francisco, ivre de jalousie, tente une nuit de coudre le sexe de sa femme endormie.

Les Hauts de Hurlevent.

pieds chaussés) vers le visage de cette femme, véritable icône mariale, que l'image transfigure en Vierge du Greco[13]. Cet homme va dès lors s'abîmer dans un clivage irrémédiable entre son désir (coucher avec cette femme terrestre) et son amour pour la Vierge qui lui est apparue ce jour-là à l'église. On peut même penser à la fin du film qu'il n'a jamais couché avec Gloria, au nom virginal. Dans chaque scène où il est sur le point de passer à l'acte sexuel avec elle, comme dans la scène de la nuit de noces dans le train, il s'arrange pour provoquer une scène qui l'empêche précisément d'aboutir. Une scène est tout à fait limpide à ce sujet : Francisco, se baissant sous la table du repas conjugal pour ramasser une serviette de table tombée au sol, est saisi d'une puissante et instantanée pulsion érotique à surprendre ainsi à la dérobée les pieds de sa femme. Il se redresse et se rue sur Gloria pour l'embrasser fougueusement. Elle refuse cette étreinte impromptue sous le regard du domestique. Ce refus met Francisco hors de lui, il l'insulte, provoquant la fuite indignée de sa femme et l'échec de l'aboutissement de son désir. Tout se passe ainsi une fois de plus comme si le personnage travaillait lui-même à l'empêchement de la satisfaction de son propre désir. Le fantasme de coudre le sexe de sa femme – qui lui procurerait le double avantage de ne plus avoir à coucher avec elle et de faire un barrage définitif à sa jalousie paranoïaque – traverse le film sous la forme de plans où il essaie de coudre ensemble par sa démarche en Z les deux bords d'une béance : les deux rampes de l'escalier intérieur de sa maison, et dans le dernier plan du film les deux bords de l'allée du cloître dans laquelle il s'éloigne[14].

Luis Buñuel a réussi avec ce film la même gageure qu'Alfred Hitchcock avec *Vertigo* (1958) : changer au beau milieu d'un film l'identification du spectateur à l'un des deux personnages du couple[15]. Dans la première moitié du film, le cinéaste nous fait nous identifier au désir de l'homme, désir prédateur dont la force s'impose aux autres personnages de la fiction et triomphe dans le réel de tous les obstacles sociaux et psychologiques. En plein milieu du film, sans crier gare, comme Hitchcock, il quitte ce point de vue du désir de l'homme pour nous faire nous identifier aux souffrances de la femme. Et dans la scène de la machine à écrire, enfin, qui sera la dernière entre les deux personnages,

13. L'image de ce film, due à Gabriel Figueroa, est l'une des plus soignées des films de Buñuel, qui semble pour une fois avoir accepté que son chef opérateur prenne le temps de mettre en place de subtils éclairages, notamment sur le beau visage de Delia Garcés.

14. Lors d'un voyage au Mexique, j'ai grimpé en bon touriste au sommet d'une pyramide à Teotihuacán. La hauteur des marches est telle que l'on est obligé d'y monter en Z. La raison supposée est qu'il ne fallait pas monter vers la divinité en la regardant en face, mais de biais. Il n'est pas interdit de voir dans la marche en Z de *El*, qui a déjà fait couler beaucoup d'encre interprétative, un écho de cette expérience que Buñuel a forcément faite.

15. *El* et *Vertigo* ont beaucoup d'autres points en commun, ne serait-ce que les deux scènes de clocher où un homme obsédé exerce sur une femme sa puissance paranoïaque.

Pages suivantes :

Francisco (Arturo De Córdova) a repéré sa proie, Gloria (Delia Garcés) dans *El*.

Le cinéma, par Luis Buñuel

« Octavio Paz a dit : "Il suffit à un homme enchaîné de fermer les yeux pour qu'il ait le pouvoir de faire éclater le monde", et moi, en le paraphrasant, j'ajoute : il suffirait que la paupière blanche de l'écran puisse refléter la lumière qui lui est propre, pour qu'il fasse exploser l'univers. Mais pour l'instant, nous pouvons dormir tranquilles, car la lumière cinématographique est convenablement dosée et enchaînée. Dans aucun des arts traditionnels n'existe une aussi grande opposition entre possibilité et réalisation qu'au cinéma. Parce qu'il agit de façon directe sur le spectateur, en lui présentant des êtres et des choses concrètes, parce qu'il l'isole, grâce au silence et à l'obscurité, de ce que nous pourrions appeler son habitat psychique, le cinéma est capable de l'exalter plus que n'importe quelle autre expression humaine. Mais davantage que n'importe quelle autre, il est aussi capable de l'abrutir. Malheureusement, la grande majorité des cinémas actuels ne semble avoir d'autre mission que cette dernière : les écrans tirent vanité du vide moral et intellectuel où prospère le cinéma, qui se contente d'imiter le roman ou le théâtre, avec cette différence que ses moyens sont moins riches pour exprimer les psychologies ; ils répètent à l'infini les mêmes histoires que le dix-neuvième siècle s'est lassé de raconter, et qu'on répète encore dans le roman contemporain.
Une personne moyennement cultivée rejetterait avec dédain le livre qui contiendrait l'un ou l'autre des arguments que nous rapportent les plus grands films. Cependant, confortablement assise dans la salle obscure, éblouie par la lumière et le mouvement qui exercent sur elle un pouvoir hypnotique, attirée par l'intérêt du visage humain et les fulgurants changements de lieu, cette même personne, presque cultivée, accepte placidement les topiques les plus éculés. [...]
Le mystère, élément essentiel de toute œuvre d'art, est généralement absent des films. Les auteurs, metteurs en scène et producteurs ont bien soin de ne pas troubler notre tranquillité en ouvrant la fenêtre merveilleuse de l'écran au monde libérateur de la poésie. Ils préfèrent y refléter des thèmes qui peuvent être la suite de notre vie ordinaire, répéter mille fois le même drame, nous faire oublier les heures pénibles du travail quotidien. Et tout cela, comme il est naturel, parfaitement sanctionné par la morale habituelle, par la censure gouvernementale et internationale, par la religion, présidé par le bon goût et assaisonné d'humour blanc et d'autres prosaïques impératifs de la réalité. [...]
Le cinéma est une arme merveilleuse et dangereuse lorsqu'elle est maniée par un esprit libre. C'est le meilleur instrument pour exprimer le monde des rêves, des émotions, de l'instinct. Le mécanisme producteur d'images cinématographiques, par sa façon de fonctionner, est, parmi tous les moyens d'expression humains, celui qui ressemble le plus à l'esprit de l'homme, ou, mieux encore, celui qui imite le mieux le fonctionnement de l'esprit pendant le sommeil. B. Brunius nous fait observer que la nuit qui envahit lentement la salle équivaut à fermer les yeux : alors commence sur l'écran et en l'homme l'incursion dans la nuit de l'inconscience ; les images, comme dans les rêves, apparaissent et disparaissent par des jeux d'estompe et d'obscurité ; le temps et l'espace deviennent flexibles, rétrécissent et allongent à volonté, l'ordre chronologique et les valeurs de durée relative ne correspondent plus à la réalité ; un cycle s'accomplit en quelques minutes ou en plusieurs siècles ; les mouvements accélèrent les retards. »

Extraits d'une conférence donnée à l'université de Mexico en décembre 1953, repris dans *Luis Buñuel, Le Christ à cran d'arrêt*, Plon, 1995.

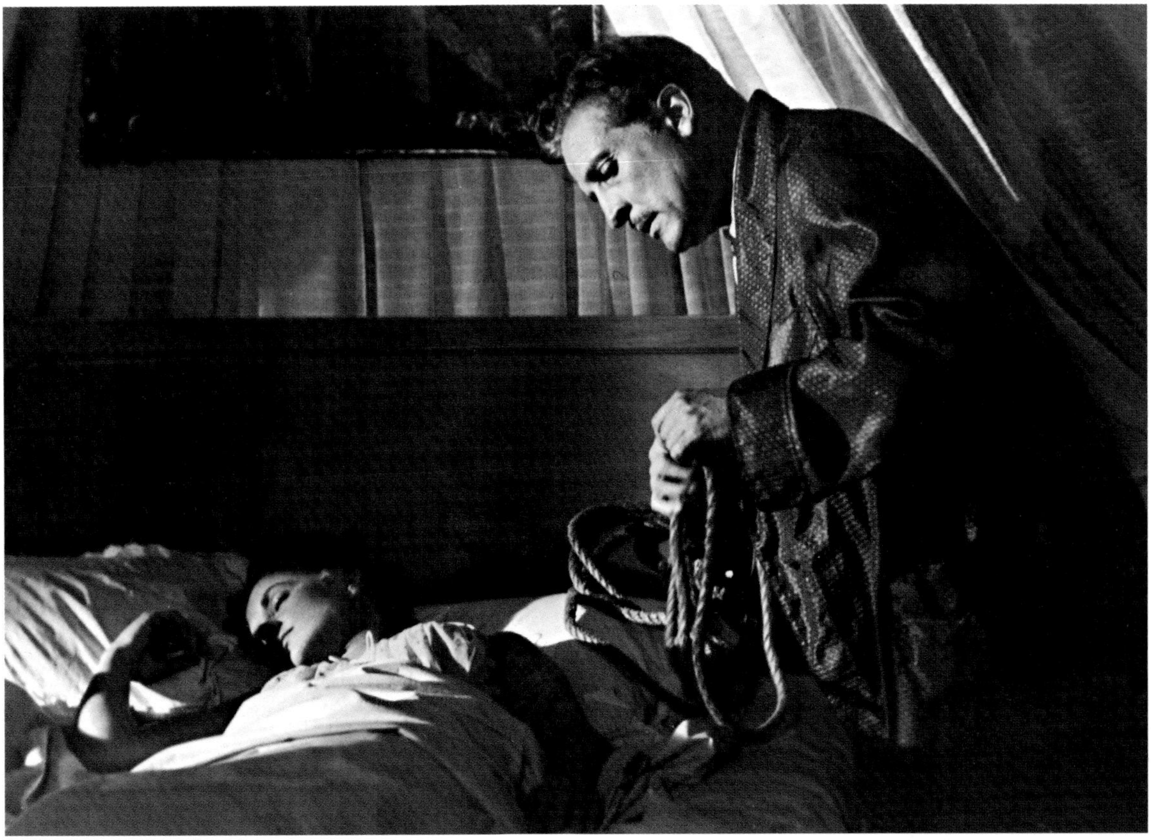

il peut nous faire partager *à la fois* le point de vue de l'homme et celui de la femme, dans une rotation du point de vue à très grande vitesse. Cette scène est l'une des plus magistrales des films de Buñuel. Elle fait partie de ces grandes scènes du cinéma où nous assistons à un épisode apparemment anodin (un homme à bout de nerfs n'arrive pas à écrire une lettre et demande à sa femme de l'aider) mais où l'on sent bien, comme dans les rêves, que l'intensité émotionnelle qu'elle suscite excède largement son enjeu anecdotique. La tension démesurée de cette scène relève d'un enjeu sexuel à peine voilé : cet homme n'arrive pas à coucher avec sa femme – il n'y est peut-être jamais arrivé, par angélisme[16] ou désir d'autofrustration –, il lui demande de l'aider, se sent aussitôt humilié par cette demande, s'en prend à sa femme de cette humiliation, s'effondre et s'exaspère, redemande à sa femme de l'aider, et ceci plusieurs fois de suite au cours de la même scène terriblement « en boucle ».

Francisco s'apprête à coudre sa femme.

La scène de la machine à écrire.

16. Dans le bureau de Francisco, un tableau accroché au mur montre un ange dont les ailes sont froissées par une main qui les a aggripées.

Pages suivantes :

Ernesto Alonso et Rita Macedo dans

La Vie criminelle d'Archibald de la Cruz.

L'obsession des jambes, version *Archibald de la Cruz.*

17. Le titre original du film, qui était celui du roman de Rodolfo Usigli, *Ensayo de un crimen*, siginifie « répétition d'un crime », au sens de répétition d'une scène au théâtre ou au cinéma. Buñuel l'a changé pour la diffusion à l'étranger car il estimait avoir adapté le roman de façon très personnelle, ce dont l'écrivain s'était plaint.

La Vie criminelle d'Archibald de la Cruz[17] décrit tout aussi minutieusement le comportement d'un homme obsédé par l'envie d'assassiner les femmes qu'il croise, sans doute pour retrouver l'émoi érotique de la scène initiale. Il ne cesse d'imaginer ces meurtres, de les mettre soigneusement en scène, mais à chaque tentative de les réaliser concrètement ils lui sont confisqués ou se trouvent prématurément interrompus. La croyance surréaliste selon laquelle il y aurait des effets de vases communicants entre le réel et l'imaginaire trouve une fois de plus à se confirmer avec ce film. L'actrice Miroslava Stern – qui interprète le personnage de Lavinia dont Archibald brûle la réplique en cire grandeur nature dans son four à céramique – s'est suicidée peu après le tournage et a été incinérée à sa demande, rejouant tragiquement dans le réel la scène imaginée et filmée par Buñuel.

Deux films parlés français

En 1955-1956, Buñuel tourne deux films avec des acteurs français, dans leur langue : *Cela s'appelle l'aurore* en Corse et *La Mort en ce jardin* au Mexique.

De *La Mort en ce jardin*, le cinéaste a gardé le mauvais souvenir d'un tournage difficile. De graves problèmes de scénario l'obligeaient à écrire de nuit les scènes qu'il devait tourner le lendemain – Raymond Queneau est même venu à sa rescousse sur le tournage en « docteur scénario » –, et Simone Signoret aurait préféré être en Italie, aux côtés d'Yves Montand. Dans ce scénario, le bien et le mal circulent librement, sans assignation fixe à tel ou tel personnage, comme une force qui viendrait provisoirement les habiter. Dans la forêt vierge, un rescapé constate qu'il a fallu le mal – et quel mal : cinquante morts dans le crash d'un avion ! – pour le bien de leur survie. À la fin du film, pourtant, ne resteront plus en présence, liés dans leur fuite, que les deux représentants à l'état chimiquement pur du bien (la jeune fille muette) et du mal (l'aventurier sans foi ni loi). Lorsque les personnages abordent la fameuse forêt vierge, le film entre sans crier gare dans une logique du rêve où Buñuel laisse libre cours au surgissement d'images des plus improbables dans ce milieu naturel et sauvage.

Cela s'appelle l'aurore a les apparences d'un film plutôt sage et quelque peu lisse mais se révèle finalement assez entêtant, ne serait-ce qu'à cause des dérapages aussi imprévisibles que fulgurants, comme le dialogue qui embraie soudain sur la photo du Christ aux fils électriques. La vitesse et la puissance implacables de l'amour qui naît entre Lucia Bosé et Georges Marchal en fait un grand film sur l'amour fou. Dans une scène de réalisation imaginaire du désir, Georges Marchal reçoit la lettre annonçant le retour de sa

Georges Marchal et Lucia Bosé dans *Cela s'appelle l'Aurore.*

Simone Signoret et Georges Marchal dans *La Mort en ce jardin.*

Luis Buñuel, par Jean-Claude Carrière

« Buñuel n'aimait pas son écriture, sa *letra*, comme il se dit en espagnol. Il répugnait à l'autographe et il préférait taper sa correspondance à la machine, avec deux doigts.
Aimait-il *écrire* ? Je ne crois pas. Il était un homme de silence, de méditation. Il se plaisait infiniment, pendant le travail sur un scénario, aux jeux multiples et déroutants de l'imagination. Il voyait là les meilleurs moments de sa vie. Il aimait rire, jouer, improviser, raconter des histoires – parfois la même histoire à plusieurs reprises le même jour, avec de subtiles variantes. La lourdeur du tournage, qu'il acceptait comme une charge nécessaire (à accomplir le plus vite possible) l'ennuyait un peu. Le cinéma, disait-il, c'est une habilleuse qui vous présente soudainement deux paires de chaussures et qui vous demande : laquelle, pour la scène du bal ? Et il vous faut répondre. Le metteur en scène est celui qui ne peut pas se permettre de répondre : je ne sais pas, ou : je m'en fous.
Mais l'écriture ? Le travail solitaire à une table ? Buñuel l'a très rarement pratiqué. Il n'a même jamais pris un écrivain comme personnage. Il lui arrivait d'envier la solitude préservée du peintre, et son occupation physique ; jamais celle de l'écrivain. Il n'écrivait pas ses scénarios, à une ou deux exceptions près. Ce travail restait dévolu à son scénariste (je l'ai été pendant dix-huit ans) chargé de donner forme, le soir, aux notes souvent désordonnées, voire incohérentes, prises pendant les improvisations du jour. Après quoi, le lendemain matin, nous relisions ensemble ces esquisses de scènes, nous les jetions souvent, nous les corrigions quelquefois, et ainsi de suite.
Il tenait l'écriture à distance. Le film bougeait et parlait déjà dans sa tête. Le passage par le papier, qui a tendance à glacer les choses, lui semblait difficile, presque dangereux, en tous cas risqué.
[…]
Il était assez bon lecteur, et même très correctement cultivé. La lecture fut la grande affaire de sa jeunesse, avec le sport. Il aimait en particulier – et il les aimera toute sa vie – les romanciers français de la fin du dix-neuvième siècle. Huysmans, Mirbeau, Pierre Louÿs –, qui dégageaient encore, dans l'Espagne des années des années 1915-1920, une assez forte odeur de soufre. Il aimait l'Espagnol Galdos, et les romans picaresques (*Lazarillo de Tormes*, surtout) et le romantique Bécquer, et *Le Moine* de Lewis. Il avait une connaissance des romanciers russes, de Dostoïevski surtout, qui surprit André Gide quand ils se rencontrèrent à Paris. Parmi les écrivains surréalistes, il mettait au-dessus de tous Benjamin Péret, pour lui le plus innocent, le plus naturel, le plus frais. "Le surréalisme coulait de ses lèvres", disait-il souvent.
Mais il était, je crois, un cinéaste-né. S'il eut dans sa jeunesse des tentations poétiques, elles l'abandonnèrent au moment de sa rencontre avec Lorca, à Madrid, à la Résidence des étudiants. S'il ne s'attardait guère au théâtre de son ami, il aimait en revanche beaucoup son écriture poétique. Il est allé jusqu'à recopier de sa main un poème que Lorca avait écrit pour lui au crayon, et qui s'effaçait. De temps en temps, même beaucoup plus tard, il disait tout à coup quelques bribes du *Romancero*, qui lui revenaient par surprise. »

Extrait de la préface de Luis Buñuel, *Le Christ à cran d'arrêt*, Plon, 1995.

femme et il rêve à haute voix devant Lucia Bosé une solution tout à fait improbable, contraire à tout principe de réalité : une autre vie à Nice où il pourrait vivre son amour avec elle, clandestinement, sans abandonner sa femme. Elle sait bien que tout ceci est impossible, et surtout inacceptable, mais quand il lui demande ce qu'elle compte faire, elle lui répond simplement : « Je ferai ce que tu voudras. »

De l'errance de *Nazarin* à l'insularité de *La Jeune Fille*

Nazarin est un film grave, le plus grave sans doute de son auteur, sur les questions de la grâce, de la foi, du libre-arbitre et de la présence du mal dans le monde, questions qui l'ont toujours hanté, même s'il lui est souvent arrivé, sans doute par pudeur, de traiter de ces sujets avec plus d'humour. La tradition critique française postsurréaliste qui a voulu voir en Buñuel un « bouffeur de curés » a été longtemps aveugle sur le *besoin* de catholicisme de cet homme qui affirmait que tout ce qui n'était pas chrétien lui était étranger, et pour qui le désir

Le père Nazarin (Francisco Rabal) prie pour la guérison d'une petite fille.

sexuel aurait perdu toute saveur sans l'interdit et la religion. Nazarin, un humble prêtre des pauvres, traverse toutes sortes d'expériences humaines, et Buñuel n'adopte jamais à son égard une posture de surplomb ou d'ironie, il ne le juge ni ne le moque. Il essaie humblement de comprendre la circulation du mal dans le monde à travers les expériences et la conscience de son personnage, comme ont pu le faire Robert Bresson, Roberto Rossellini ou Maurice Pialat[18].

18. Le miracle de la guérison de l'enfant dans *Sous le soleil de Satan* (1986) présente de troublantes ressemblances avec celui de *Nazarin*.

Nazarin, pour ne pas semer la discorde sur un chantier où il s'est fait engager au rabais, se refuse au conflit avec les autres ouvriers et s'éloigne – comme si Buñuel faisait le choix, parmi les deux scénarios possibles, de celui de l'apaisement et de la non-violence. Mais à peine Nazarin s'est-il éloigné sur la route choisie par le récit qu'une violente dispute éclate dans son dos, conséquence objective de son passage, dispute dont il ne saura rien et qui va se terminer par la mort d'un ouvrier. Les deux solutions contradictoires (le glaive ou la paix) ne se sont pas exclues l'une l'autre. Le chemin suivi par le récit n'a pas empêché Buñuel de figurer aussi celui que le film n'avait pas emprunté. C'est sans doute aussi une façon d'affirmer que le bien et le mal sont séparés par la plus fine et la plus transparente des cloisons et que personne ne peut jamais être sûr des conséquences de ses actes. On trouve dans *Nazarin* l'un des plus beaux surgissements d'image de l'histoire du cinéma, celui de la petite fille qui arbore un drap blanc dans la rue du village touché par la peste.

Nazarin.

Si Buñuel filme si bien et si volontiers les toute jeunes filles, c'est à cause de son attachement souvent affirmé à la figure de la Vierge, mais surtout parce que la jeune fille représente le moment où tous les possibles d'un être sont encore ouverts, ce qui rejoint son rêve de créateur : maintenir encore ouverts dans l'œuvre créée les possibles d'avant le moment où ce qui est choisi oblige à renoncer à ce qui ne l'a pas été.

La Jeune Fille s'affirme d'abord comme un « film à sujet », ce qui est paradoxal chez un cinéaste qui a toujours eu horreur des films à thèse. Ce sujet, de plus, est un grand sujet : le racisme. Le caractère insulaire du scénario et le nombre limité des personnages auraient pu le faire basculer vers la métaphore politico-idéologique. Buñuel a toujours eu le goût de ces dangereux huis clos mais a souvent trouvé

Miller (Zachary Scott) et la jeune fille (Kay Meersam) dans *La Jeune Fille.*

les bons antidotes aux risques de sursignification inhérents à cette structure. La question du racisme est travaillée dans le scénario d'une façon dialectique, tout sauf manichéenne et bien-pensante, à tel point que le film a été mal compris en son temps. Tout danger d'instrumentalisation idéologique du cinéma est balayé par l'émotion et le trouble de Buñuel filmant sa jeune actrice et son *érotisme innocent*, qui finit par l'emporter sur l'enjeu politique. On se souvient de cette jeune fille tirant sur ses cheveux devant son miroir, d'un plan de ses jambes chaussées d'escarpins sur une jetée en bois, de ses épaules sous la douche en plein air et de sa candeur quand le pasteur la baptise dans l'eau d'une rivière.

Entre *Nazarin* et *La Jeune Fille*, Buñuel a réalisé *La fièvre monte à El Pao*, où il se demandait, ainsi que son acteur-vedette Gérard Philipe, ce qu'ils faisaient là, à tourner sans plaisir ni conviction.

Kay Meersam dans *La Jeune Fille.*

Mexique-Europe : allers-retours

De *Viridiana* à *Cet obscur objet du désir*

Viridiana, le retour en Espagne

C'est en 1960, vingt-quatre ans après avoir quitté son pays natal, que Buñuel revient y tourner *Viridiana*. Il y retrouve avec émotion ses proches et les lieux de son enfance et de sa jeunesse. Il a pourtant hésité à accepter la proposition de son producteur Gustavo Alatriste, qui est alors le mari de l'actrice Silvia Pinal, de tourner dans une Espagne encore sous le régime de Franco. La censure accepte le scénario et demande une seule modification, celle de la scène finale où Viridiana frappe à la porte de son cousin et entre dans sa chambre.

À l'origine de ce film, un fantasme d'adolescence de Luis Buñuel : endormir la reine Victoria Eugenia et coucher avec elle toute une nuit : « L'idée d'avoir à sa merci une femme endormie, écrit-il, me semble très stimulante. Je peux la réaliser dans l'imaginaire, mais dans la pratique cela me ferait peur. » Don Jaime aussi renoncera au dernier moment à coucher avec sa novice de nièce, Viridiana, pourtant à sa merci, elle, endormie par une drogue qu'il lui a fait prendre. S'il n'arrive pas à passer à l'acte alors qu'il a minutieusement tout mis en scène pour y parvenir, c'est moins pour ne pas profaner sa nièce que, comme tant d'autres personnages masculins du cinéaste, pour ne pas profaner le désir lui-même.

Buñuel n'a jamais caché l'affection qu'il portait au personnage du vieil hobereau fétichiste don Jaime. Après son suicide, son neveu, Jorge, hérite pour moitié de son domaine. C'est l'occasion pour le cinéaste, alors âgé de soixante et un ans, de dresser le portrait de deux générations d'Espagnols.

Page de gauche :

Catherine Deneuve dans *Belle de jour.*

Don Jaime (Fernando Rey)
et Rita (Teresa Rabal) dans *Viridiana.*

Don Jaime est un vieux gentilhomme d'une autre époque, raffiné et gentiment pervers : il revêt la robe de mariage de sa femme morte le jour de leurs noces avant de la faire porter par Viridiana ; il aime regarder la petite fille sauter à la corde ; il est timide, mélancolique et rêveur, même s'il est capable d'endormir sa nièce pour réaliser son fantasme. Jorge représente l'homme moderne, technique et entrepreneur, qui croit au progrès. Il incarne une robuste virilité sans états d'âme. Il couche ouvertement avec la bonne, Ramona, sans honte ni arrogance de classe. Il est prêt à accueillir dans son lit sa cousine Viridiana le jour où elle sera prête à céder à son désir.

Les deux héritiers, Jorge et Viridiana, représentent deux modes d'intervention sur le monde. Viridiana, qui croit à l'efficacité de la charité et de la prière, pense transformer par la bonté et la pédagogie la vie et la mentalité des miséreux qu'elle a recueillis. Don Jorge, lui, est un homme rationnel, qui croit au travail qui transforme le monde. Dans une séquence à effet – très rare dans son cinéma –, Buñuel monte en parallèle la prière de l'Angélus, côté cousine, et le travail de maçonnerie, côté cousin. Dans la scène de l'orgie finale des mendiants, où Buñuel s'amuse à filmer un arrêt sur image de la Cène, l'un d'eux tente de violer Tristana qui fait ainsi personnellement l'expérience de l'inefficacité de la charité contre les puissances de surgissement du désir et du mal dans le monde.

Viridiana (Silvia Pinal) entourée
des miséreux qu'elle a recueillis.

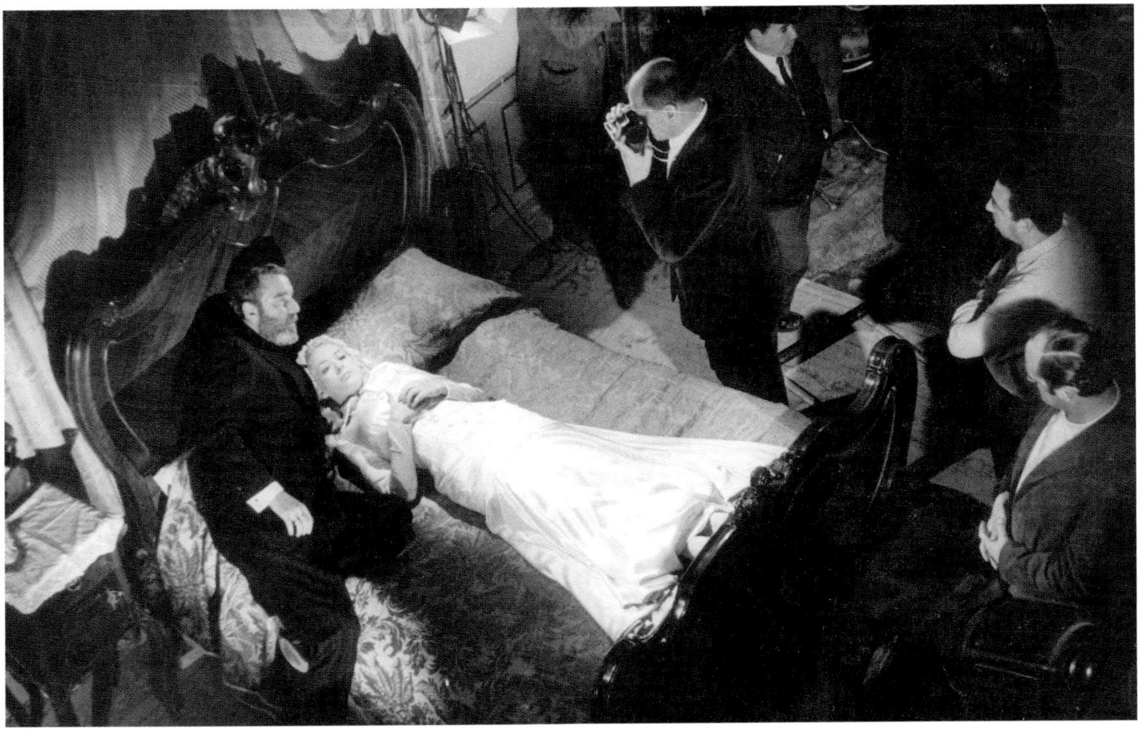

Luis Buñuel tourne la grande scène de *Viridiana*.

Don Jorge, bien dans sa peau, synchrone avec son époque, n'évolue pas pendant le film. Le vieux don Jaime se suicide pour ne pas affronter la honte de sa tentative manquée de redonner vie au passé en « ressuscitant » sa femme morte par le truchement de sa nièce. Viridiana est le personnage qui parcours le plus long chemin sur lui-même au cours du film, et son évolution n'est pas faite pour déplaire à Buñuel : en gagnant peu à peu, d'échec en échec, sur son idéalisme et sur sa répulsion de la sexualité, elle finira par devenir plus humaine.

Rita (interprété par la fille de Francisco Rabal) est le plus beau personnage de petite fille de l'œuvre du cinéaste. Elle est en parfaite complicité avec le désir voyeuriste de don Jaime et le prouve en continuant à sauter à la corde *pour lui* après sa mort, persuadée que d'en haut il continue à prendre plaisir à la regarder. Elle aussi est déjà une petite voyeuse dans la scène où elle volette comme un feu follet, à l'extérieur de la maison, pour observer avec une grande attention le moment où don Jaime se retrouve seul avec sa nièce endormie sur son lit en robe de mariée. Il y a emboîtement et concordance des désirs : Rita désire voir don Jaime qui désire voir les seins de Viridiana.

Pages suivantes :

Buñuel reconstitue la *Cène* de Léonard de Vinci dans *Viridiana*.

Comme souvent chez Buñuel, la linéarité apparente du récit est niée par le retour d'images, d'objets, de gestes qui relèvent d'une autre logique, celle du déplacement et de la condensation à l'œuvre dans les rêves. Le geste de la main de Viridiana forcée de toucher contre sa répulsion l'objet sexuel : le pis de la vache, le manche de la corde à sauter, le jeu de cartes. La corde à sauter circule dans le film en glissant d'une signification à une autre : objet ludique et érotique quand il regarde sauter la petite fille, objet de mort quand don Jaime s'en sert pour se pendre, objet sexuel pendant la tentative de viol de Viridiana.

Le film obtient la Palme d'or au Festival de Cannes en 1961. Un article de *L'Osservatore romano* le dénonce comme blasphématoire. La réaction des autorités espagnoles est immédiate : toutes les copies de *Viridiana* sont séquestrées et les documents officiels relatifs au film disparaissent à jamais. Le directeur de la Cinématographie espagnole, qui a reçu la Palme à Cannes, est destitué. Le ministre de l'Information propose sa démission à Franco, qui la refuse. Le film restera ensuite interdit en Espagne jusqu'à la mort du Caudillo. Le scandale *Viridiana* a rassuré Buñuel et ses ex-amis surréalistes quant au danger de récupération de son nom et de son talent par Franco.

Ne pas arriver à…

Le scénario de *L'Ange exterminateur* (1962) est fondé sur une situation fondatrice et centrale dans l'œuvre du cinéaste : « ne pas arriver à… ». *La Vie criminelle d'Archibald de la Cruz* repose sur « ne pas arriver à commettre un crime ». Le cinéaste en explorera plus tard une variation légère dans *Le Charme discret de la bourgeoisie* : « ne pas arriver à dîner ». La matrice de cette situation récurrente est : « ne pas arriver à faire l'amour », présente des premiers (*Un chien andalou* et *L'Âge d'or*) au dernier film de Buñuel (*Cet obscur objet du désir*).

Au début d'une soirée mondaine, alors que les invités sont déjà en train d'arriver, les employés de maison sont pris d'une soudaine impulsion à quitter leur poste et à fuir cette grande demeure bourgeoise. La soirée se déroule à peu près normalement jusqu'à ce que les invités découvrent qu'il leur est psychiquement impossible de quitter les lieux, comme si une cloison invisible les empêchait de sortir du salon, où ils vont

rester prisonniers. Buñuel filme alors la dégradation progressive du vernis social chez ces robinsons citadins soudain confrontés à une situation de survie et de cohabitation obligée en vase clos.

La construction générale du scénario est la manifestation la plus géométrique d'une constante dans le geste de création du cinéaste : résister à cette contrainte linéaire qui veut qu'à chaque bifurcation du récit, ce qui est attesté dans le film (disons la solution A) oblige le créateur à renoncer à ce qui aurait pu advenir s'il avait choisi la solution B. Ici la soirée prend une tournure de film catastrophe (la barbarie issue de l'obligation à rester longtemps ensemble dans un espace clos) ,et il faut que le film revienne exactement au point donné de ce temps (inscrit dans une configuration à la fois précise et aléatoire) où le film s'est engagé dans la voie A, et reparte précisément de ce point pour emprunter la voie B (sortir) qui en était l'alternative. Avant cette grande bifurcation principale, Buñuel a opéré deux petits bégaiements du temps en filmant et en montant deux fois, à la suite, une même scène : l'entrée des invités et la scène du toast[19].

L'ordre bourgeois avant et après le passage de l'ange exterminateur.

19. Dans ces deux scènes, le filmage est différent entre les deux plans qui se répètent. Dans la scène du toast, les invités réagissent eux aussi de façons très différentes dans l'une et l'autre versions.

Jeanne Moreau dans *Le Journal d'une femme de chambre*.

Le Journal d'une femme de chambre : naissance d'un trio

Ce film inaugure un agencement – qui va perdurer jusqu'à la fin de la carrière de Buñuel – entre le cinéaste, un producteur français, Serge Silberman, et un scénariste, français lui aussi, Jean-Claude Carrière[20]. Ce trio va se reconstituer pour *La Voie lactée*, *Le Charme discret de la bourgeoisie*, *Le Fantôme de la liberté* et *Cet obscur objet du désir*. Contrairement aux quatre autres films, *Le Journal d'une femme de chambre*, adapté du roman d'Octave Mirbeau dont Buñuel a déplacé l'action de la Belle Époque aux années vingt, celles de sa propre jeunesse, est un film plutôt sage dans son récit comme dans sa forme. Mais il est habité par une des figures de femme les plus énigmatiques de son cinéma. Jeanne Moreau, qui vient de jouer dans *Jules et Jim* de François Truffaut (1962), *Ève* de Joseph Losey (1962), *La Baie des anges* de Jacques Demy (1963), *Le Feu follet* de Louis Malle (1963), va apporter à Célestine une séduisante et impénétrable opacité qui a dû dérouter le cinéaste lui-même. À regarder les scènes où elle vient rendre visite au garde-chasse, interprété par Georges Géret, il est parfaitement impossible de savoir si elle désire coucher avec lui par pur calcul ou par attirance sexuelle pour le mal(e), si elle le séduit *pour savoir* s'il a assassiné la petite fille ou *parce qu'il* a assassiné la petite fille. Le désir pour le garde-chasse y est palpable comme une évidence physique mais échappe à tout contrôle moral de la part des personnages qui en sont les *porteurs* ou, pourrait-on presque écrire

20. C'est Serge Silberman qui a proposé à Buñuel de travailler avec ce jeune scénariste débutant qui allait devenir l'un de ses plus proches collaborateurs et à qui il allait confier la rédaction de son livre « parlé », *Mon dernier soupir*. Buñuel, en effet, s'est toujours considéré comme *agrafo*, c'est-à-dire rétif à l'écriture mais homme de l'oral.

Luis Buñuel et Serge Silberman, son producteur.

dans le cas des films de Buñuel, les *agents*. Le désir développe sa propre logique, aussi déroutante que celle de la circulation du mal, déconnectée de la causalité ordinaire du scénario. Buñuel filme avec un plaisir non dissimulé les rituels fétichistes du père Monteil lorsqu'il demande à Célestine de marcher avec les fines bottines dont il vient de la chausser. Il avoue que la façon de marcher de Jeanne Moreau, « avec un balancement des chevilles », a contribué à son choix de la comédienne pour ce rôle, même s'il s'empresse d'ajouter : « En réalité, les pieds et les chaussures, qu'ils soient d'hommes ou de femmes, me laissent indifférents. Le fétichisme du pied m'attire en tant qu'élément pittoresque et humoristique. La perversion sexuelle me répugne mais elle peut m'attirer intellectuellement. »

Luis Buñuel et Jeanne Moreau.

Dans une des scènes les plus noires de son œuvre, Buñuel filme le fils Monteil – dernier rejeton d'une bourgeoisie de province repliée sur elle-même, interprété par un Michel Piccoli à contre-emploi –, personnage veule, aussi fruste que frustré, socialement soumis à sa femme frigide,

Michel Piccoli et Jeanne Moreau dans *Le Journal d'une femme de chambre*.

Chevelures féminines

Nazarin.

Dans *Mon dernier soupir*, Buñuel raconte un souvenir de sa jeunesse madrilène : il avait pénétré par jeu dans un caveau, la nuit, avec ses amis. D'un cercueil dépassait « une chevelure de femme, sèche et sale ». « Cette chevelure morte au clair de lune, dont je me suis souvenu dans *Le Fantôme de la liberté* (les cheveux poussent-ils encore dans la tombe ?) est une des images les plus impressionnantes que j'ai rencontrées de ma vie. » Buñuel cinéaste a la réputation justifiée d'être un fétichiste des jambes et des pieds. Il est tout autant, on l'a moins dit, un fétichiste des cheveux. Son cinéma comporte quelques-unes des scènes les plus inspirées jamais tournées sur les chevelures féminines.

Le brossage de longs cheveux de femme, dans ses films, est toujours une action qui suscite le désir des hommes qui y assistent, même quand il est effectué sans ménagement par la femme, comme une autopunition. La jeune fille, dans le film du même nom, tire rageusement sur ses cheveux qu'elle est en train de coiffer devant un miroir sous le regard concupiscent de l'homme qui va abuser d'elle. C'est au même geste vigoureux que se livre Susana, dans *Susana la Perverse*, sous le regard croisé et désirant des trois hommes de l'hacienda qui l'observent en secret, chacun à son poste, dans l'électricité érotique d'une nuit d'orage.

Dans *Viridiana*, l'évolution du personnage se décline scène à scène dans le traitement cinématographique de sa chevelure. Viridiana est la seule femme blonde du film, et Buñuel ne va cesser de jouer avec ce qu'elle cache et dévoile de cette blondeur excessive dans une image aux tonalités sombres presque charbonneuses. La longueur qu'elle dévoile ou cache de sa chevelure scande les moments où elle s'humanise et ceux où elle redevient la novice voilée ou semi-voilée. Dans la dernière scène, elle sort un petit miroir du tiroir de sa chambre et défait ses mèches qu'elle laisse tomber en liberté sur ses épaules avant d'aller frapper à la porte de son viril cousin et tirer un trait définitif sur son passé de nonne en s'offrant à lui.

Toutes les séductrices des films de Buñuel, de Susana à la tentatrice de *La Montée au ciel*, savent jouer habilement de leurs atouts capillaires quand il s'agit de passer à l'attaque des hommes. Dans *Belle de jour*, Séverine est affublée au début du film d'un chignon hitchcockien très serré qui est comme l'uniforme de sa frigidité et de son statut social. Elle va accomplir avec application le geste symbolique de lâcher ses cheveux pour son premier jour de travail dans la maison de rendez-vous.

Dans son dernier film, *Cet obscur objet du désir*, Buñuel termine en beauté son hommage aux chevelures de femmes. Dans la scène où l'homme qui la désire en vain depuis le début du film retrouve Conchita à Séville, ils sont séparés par une grille qu'elle refuse d'ouvrir mais au travers de laquelle elle lui fait l'offrande de ses cheveux longs et fournis. Il les caresse, les hume, y enfouit son visage, mais devra se contenter de ces prémices baudelairiennes.

taraudé par un appétit sexuel que ni sa femme, ni Célestine ne veulent se prêter à assouvir. Il finit par l'imposer, en lui parlant d'amour fou, à une vieille servante apeurée, visiblement hors sexe et hors désir, qui pleure quand elle comprend ce que son maître attend d'elle et à quoi elle ne pourra se dérober. Aux yeux de Buñuel, il ne saurait y avoir pire profanation de l'amour que cette extorsion sous alibi du credo surréaliste.

Simon du désert est un film inachevé dont le tournage a été interrompu au bout de dix-huit jours par manque d'argent. Buñuel a alors improvisé la scène de la boîte de nuit new-yorkaise qui en fait tout de même un film complet. *Simon du désert* est le film le plus géométrique du cinéaste, où toutes les figures, de la fourmi à la chèvre, de la chèvre au nain, du nain aux moines, des moines à Simon sur sa colonne, sont inscrites de façon homothétique dans le même triangle qui va du sol au sommet de la colonne. Buñuel y figure un monde qui n'est pas indexé sur la seule échelle humaine habituelle, mais dont l'échelle de perception varie avec chaque créature et chaque espèce.

Simon (Claudio Brook) sur sa colonne dans *Simon du désert*.

Belle de jour – Tristana

Belle de jour est adapté d'un roman de Joseph Kessel pour lequel Buñuel avait peu d'estime. Il a accepté la proposition des frères Hakim à cause de la possibilité de filmer les rêveries diurnes et les fantasmes de Séverine, absents du livre. Le film s'ouvre d'ailleurs sur une scène dont le spectateur découvre avec un léger retard qu'il s'agit en fait d'un fantasme de Séverine, la jeune femme bourgeoise d'un gentil chirurgien, beau mais un peu fade, qu'elle aime mais ne désire pas. Cette scène relève peut-être aussi d'un autre fantasme, de Buñuel celui-là, par rapport à son actrice. Le film est sous-tendu par une pulsion à l'égard de l'image de la Catherine Deneuve de l'époque : s'acharner contre sa surface lisse, impeccable, immaculée, lui jeter de la boue, l'injurier, mais sans le désir de réussir vraiment à la « salir ». Au contraire, Buñuel a besoin que toutes ces atteintes restent vaines pour maintenir intact son désir de salissure impossible. Dans ce film, Buñuel cinéaste est en quelque sorte à la place du héros de *El* qui voudrait à la fois souiller sa femme et en préserver à tout prix la pureté.

Pages suivantes :

Catherine Deneuve et Geneviève Page dans *Belle de jour*.

Michel Piccoli est à la place du Maître non sadique, celui qui en sait plus que Séverine sur ses vrais désirs, son « diable gardien » en quelque sorte. Il se place hors-jeu sexuel, ne travaille pas pour son propre compte et la déconcerte en ne recherchant, avec elle, que cette mainmise sur son désir. La réussite de ce personnage fait que le film échappe au bovarysme qui aurait pu menacer le scénario. Pierre Clémenti, rappelant le Jaïbo de *Los Olvidados*, incarne, de façon flamboyante, la puissance de surgissement et de contagion du désir, même si son personnage finit possédé et détruit par la passion qu'il a suscitée. Ces deux hommes finalement, par des voies opposées, sont au service de la prise de conscience par Séverine de la véritable nature de son désir de femme, dont ils sont les révélateurs. Jean-Claude Carrière raconte qu'avec Buñuel, ils ont très sérieusement enquêté, avant d'écrire le film, sur les fantasmes masochistes féminins, et que Lacan parlait dans ses cours de *Belle de jour* comme d'un film exemplaire sur ce sujet.

Jean Sorel et Catherine Deneuve dans *Belle de jour*.

Catherine Deneuve et Pierre Clémenti dans *Belle de jour.*

La fin de *Belle de jour*, comme celle de *Tristana* plus tard, laisse la possibilité au spectateur de penser que tout le film qu'il vient de voir n'est qu'une rêverie de Séverine, rêverie qui n'a peut-être duré qu'une fraction de seconde, en regardant son mari recouvert d'un plaid dans le fauteuil, et que le film a dépliée en une heure et demie. À moins que ce ne soit l'inverse, et que Séverine soit en train d'imaginer une fin – où son mari guérirait miraculeusement – dont rien ne dit qu'elle serait *happy* aux yeux du cinéaste.

Buñuel n'est habituellement pas homme à faire référence dans ses films à d'autres cinéastes. Il est difficile pourtant de ne pas voir dans *Belle de jour* une double réminiscence de Godard et d'Hitchcock. Il y filme un vendeur à la criée du *Herald Tribune* sur les Champs-Élysées, avant que Pierre Clémenti et son complice, interprété par Francisco Rabal, n'agressent un homme dans un ascenseur pour le voler. Plus tard le même Clémenti va s'écrouler et mourir d'une balle au milieu de la chaussée. Ces deux scènes sont trop proches de celles d'*À bout de souffle* (1959) pour que ce ne soit que le

Le spectateur indésirable

L'œuvre de Buñuel s'ouvre sur l'une des images les plus traumatisantes de l'histoire du cinéma : un rasoir qui tranche l'œil d'une femme en gros plan, au début d'*Un chien andalou*. Tout a été dit sur ce plan, toujours et encore malaisant, auquel il est difficile de s'habituer ou de se préparer même si on a vu le film des dizaines de fois. Sa force d'agression est à la fois physiologique (il agit sur la sensation que c'est notre propre intégrité corporelle qui est atteinte) et psychique : il éjecte violemment le spectateur de son confort, lui qui se croyait bien planqué dans l'obscurité de la salle pour se rincer l'œil sur ce que l'écran lui propose d'ordinaire impunément.

Buñuel a souvent fait l'éloge du caractère hypnotique du dispositif cinématographique qui lui permettait d'emporter le spectateur dans une logique du rêve ou de la rêverie. Mais il a aussi éprouvé régulièrement, tout au long de sa carrière, le besoin de faire prendre conscience au même spectateur des complaisances et des lâchetés que sa place peut impliquer.

Dans *Los Olvidados*, Pedro a été accueilli dans un institut de rééducation dont le directeur lui a proposé de s'occuper des poules. Le premier jour, il ne résiste pas au plaisir de gober tout cru un des œufs qu'il est chargé de ramasser. Tout à coup, sans crier gare, il le jette en direction du spectateur. L'œuf s'écrase et dégouline sur une vitre placée juste devant l'objectif de la caméra. Pedro a agi comme si le spectateur était un délateur en puissance.

Dans *El*, le mari, rendu fou de jalousie par la présence dans la chambre voisine d'une ancienne connaissance de sa femme, s'approche doucement de la porte mitoyenne et enfonce brusquement une aiguille à tricoter dans le trou de la serrure. Le spectateur sent bien que c'est son œil de voyeur de cinéma, autant que celui du rival imaginaire, que cette aiguille visait.

Mais la scène la plus aboutie de cette éviction du spectateur indésirable se trouve dans *Tristana*. Le vieux don Lope parvient un soir à ses fins : coucher avec sa pupille. Tout pomponné, en robe de chambre, il s'approche de Tristana, qui est en train de repasser, l'entraîne dans sa chambre et ferme la porte au nez de la caméra. Mais celle-ci ne s'avoue pas si facilement vaincue. Elle sort de la pièce, longe le mur du couloir extérieur (dans une acrobatie rare chez le cinéaste) et finit par se poster devant une autre porte, ouverte, d'où l'on a vue sur le lit. Tristana-Deneuve enlève sa robe, apparaît en combinaison, s'assoit au bord du lit, face à nous, et commence à enlever ses bas. Don Lope avise alors, vautré sur le lit, son chien en train d'assister de près à ce déshabillage. Don Lope le soulève alors par les pattes avant, se dirige vers la caméra, exhibant à la place de la nudité espérée du corps de Catherine Deneuve le ventre rose, ignoble, du chien qu'il jette dans le couloir avant de fermer d'un coup sec la porte de la chambre au nez du spectateur. Comme pour lui signifier de la façon la plus claire : chien de spectateur, tu ne croyais quand même pas que tu allais rester là !

Luis Buñuel dirige Fernando Rey et Catherine Deneuve dans *Tristana.*

fait du hasard. Difficile aussi de ne pas voir dans le chignon serré de Catherine Deneuve, filmé de dos avec insistance, une référence aux chignons hitchcockiens, et tout particulièrement à celui de la frigide héroïne de *Pas de printemps pour Marnie*, sorti deux ans plus tôt. Buñuel fait même dans ce film une discrète apparition à la Hitchcock à la terrasse d'un café, dans le grand parc où Séverine rencontre le duc. Ressurgit dans ce film, comme l'aiguille qui ressort du tissu, l'image obsédante, présente dès *Un chien andalou*, de la dentellière, image qui reviendra hanter la dernière séquence du dernier film du cinéaste. Catherine Deneuve, auprès de son mari paralysé, brode un tissu tendu dans un cerceau circulaire. *Belle de jour* sera le plus gros succès public du cinéaste.

Luis Buñuel et son actrice.

Tristana est le dernier grand film romanesque de Buñuel, le dernier aussi où il trouve à s'identifier pleinement à un personnage masculin, celui de don Lope, sorte d'autoportrait anticipé de la vieillesse du cinéaste à la retraite, recevant chez lui des amis religieux pour converser agréablement, bien au chaud, devant une tasse de chocolat onctueux. Buñuel n'a cessé de dire : « don Lope, c'est moi », revendiquant ce mélange contradictoire de passion, d'obsession, de convictions anarchistes et de goût du confort bourgeois qui caractérise son personnage.

Le film est adapté d'un roman de Pérez Galdos que Buñuel n'a jamais aimé, le jugeant trop « à l'eau de rose » à son goût, à l'exception du détail de la jambe coupée. Dans le

Une pédagogie du désir

Tristana

Au début de cette scène où Tristana, amputée, s'exhibe au sourd-muet, elle refuse de se laisser tripoter par lui, alors qu'il est visiblement venu dans ce but dans sa chambre. Elle va entreprendre son apprentissage du désir en organisant minutieusement pour lui la scène originelle du fétichiste. Elle lui désigne clairement le point de vue qui doit être le sien (« Descend sous le balcon ! ») et sa fonction (« Regarde ! ») avant d'intégrer elle-même sa place dans ce dispositif impeccable, où rien ne manque : la rampe, la distance, l'impossibilité de toucher, la contre-plongée.

Tristana se fait l'agent de Buñuel dans cette pédagogie d'un régime de désir qui est de toute évidence celui de son cinéma. Mais pour autant il ne s'agit pas pour le cinéaste de donner en pâture au spectateur la nudité de son actrice. Un gros plan sur le visage de Catherine Deneuve se substitue à l'image de ce que voit Saturno, au moment où elle lui dévoile sa nudité, mais ce gros plan irradiant porte en lui l'émotion de cette vision troublante – pour le garçon et pour l'imagination du spectateur – d'une castration dédoublée : le sexe féminin et la jambe amputée.

Buñuel a toujours été un cinéaste très audacieux dans ce qu'il suggère dans ses films, mais d'une grande pudeur dans ce qu'il s'autorise à montrer de la nudité et surtout de la sexualité. La nudité intégrale n'a rien d'érotique à ses yeux : « Une femme qui porte une chemise noire à dentelle, des bas avec des jarretelles et des chaussures à talons hauts, est plus érotique qu'une femme nue. » Le désir masculin, pour Buñuel, s'articule sur le corps partiel tel que le cadre de cinéma ne cesse de le découper. Il prend son envol à partir de ce que le film laisse à imaginer plus qu'à partir de ce qu'il montre. « La pornographie, disait-il, est la physiologie de l'érotisme. Et je suis contre la pornographie parce que je crois à l'amour. Un poème de Breton dit que l'amour est une cérémonie secrète qui doit se célébrer dans l'obscurité, au fond d'un souterrain. Cela pour moi c'est l'évangile. En revanche, la pornographie c'est l'amour célébré dans un stade ou une arène. »

François Truffaut a assisté au tournage de cette scène où Tristana s'exhibe au sourd-muet. Il s'en souviendra dans *La Femme d'à côté*, film truffé de réminiscences bunueliennes, où le personnage de madame Jouve raconte les succès que lui a valu auprès des hommes, par le passé, sa prothèse de jambe. Dans un film précédent de Buñuel, *La Vie criminelle d'Archibald de la Cruz*, l'homme faisait confectionner un mannequin de cire grandeur nature à l'effigie d'une jeune femme dont il était tombé amoureux. Au moment d'assassiner cette jeune femme, elle lui échappait grâce à l'arrivée inopinée d'un groupe de touristes dont elle était le guide. Frustré de son acte, il lui substituait alors dans son rituel meurtrier le fameux mannequin.

Il empoignait par les cheveux cette femme de cire, la traînait au sol vers son four de potier, et en chemin elle perdait une de ses jambes que Buñuel filmait avec délectation. Truffaut se souviendra dans *La Chambre verte* de ce mannequin à l'inquiétante étrangeté. Les deux cinéastes ont eu de toute évidence en commun la même conception fétichiste de l'érotisme cinématographique.

Page de droite :

Catherine Deneuve et Franco Nero dans *Tristana* ;

en bas, Tristana et la statue du cardinal Tavera.

roman, Tristana continuait à vivre avec don Lope et devenait un pilier d'église.

Dans ce film, Buñuel scénarise sa grande préoccupation d'homme et de créateur : que se passerait-il dans une vie si, à un moment donné, on avait choisi de prendre la rue de droite au lieu de prendre la rue de gauche ? Tristana se promène avec sa bonne dans les rues de Tolède et se retrouve, comme tout scénariste, devant une bifurcation. Elle choisit la rue qui la conduira (via l'épisode du chien enragé) au peintre qui va devenir son amant : il aura fallu un choix arbitraire (rien ne plaide en faveur de l'une ou l'autre des voies) et un hasard objectif (l'épisode du chien enragé) pour que cette rencontre ait lieu. Si elle avait choisi l'autre rue la suite de sa vie aurait été autre. Buñuel prête à sa créature Tristana sa conviction personnelle que deux choses qui ont l'air semblables (deux petits pois, deux colonnes) ne le sont jamais, ni encore moins interchangeables. Cette attention extrême portée au choix des « petites choses » est une préoccupation majeure des grands cinéastes, qui savent que dans leur art le choix de détail est essentiel. Don Lope, qui se moque de Tristana quand elle lui demande laquelle il préfère entre deux colonnes, paiera cher cette incompréhension le jour où elle choisira la rue qui la conduira à son futur rival.

Dans ce film, il est flagrant que la sympathie et l'intérêt de Buñuel vont à don Lope et non au jeune peintre qui appartient au monde contemporain ordinaire, et dont la puissance de désir et d'amour est bien moins forte que celle de son vieux rival. « Cette fois-ci tu ne m'échapperas plus », dit don Lope avec jubilation le soir où il accepte que Tristana, très malade, revienne chez lui, révélant à la fois la puissance et l'égoïsme absolu et possessif de son désir. Tristana et don Lope sont des créatures de la même espèce, à laquelle n'appartiendra jamais le pragmatique peintre, pas plus que le Raúl de *El*, le neveu Jorge dans *Viridiana* ni le mari de *Belle de jour*. Dans les films de Buñuel, la ligne de partage est toujours nette entre les personnages avec qui il est en profonde sympathie, malgré (ou à cause de) leurs contradictions, et ceux qu'il regarde de l'extérieur, qui sont en général ceux qui n'évoluent pas en cours de film. Il est toujours avec les fous désirants, les personnages imprévisibles et énigmatiques, jamais avec les sages et les pragmatiques.

La trilogie française

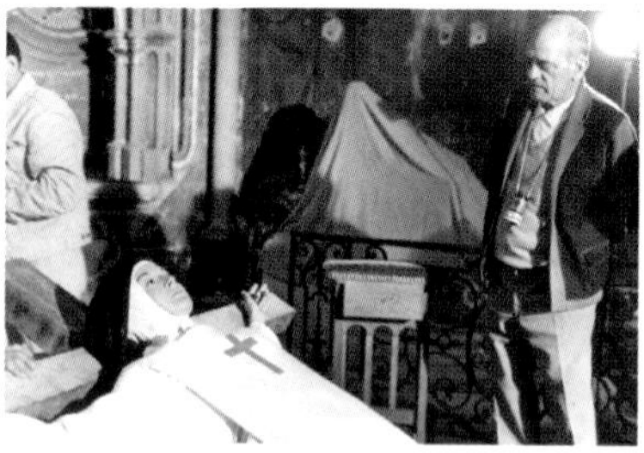

Tournage de *La Voie lactée*.

Même si *Tristana* s'insère entre les deux premiers films de cette série, on peut considérer que *La Voie lactée*, *Le Charme discret de la bourgeoisie* et *Le Fantôme de la liberté* constituent une sorte de trilogie où Luis Buñuel et Jean-Claude Carrière se sont affranchis de toute linéarité narrative et du sacro-saint « principe de contradiction ». Une petite fille peut être disparue *et* présente. Le même homme peut être évêque *et* jardinier. Une femme peut avoir soixante ans *et* un corps de jeune fille. Un tueur en série peut être *en même temps* condamné à mort et libéré. Deux hommes différents peuvent être *le même* préfet de police. Un prêtre peut *en même temps* donner l'absolution *et* achever d'un coup de fusil le confessé. Un homme peut montrer la lettre qu'un facteur lui a apportée dans sa chambre au cours d'une rêverie d'insomnie nocturne. Un personnage peut entendre la fusillade qui se déroule dans la rêverie éveillée d'un autre.

Buñuel dit de ces trois films : « Ils parlent de la recherche de la vérité, qu'il faut fuir dès qu'on croit l'avoir trouvée, du rituel social implacable. Ils parlent de la recherche indispensable, du hasard, de la morale personnelle, du mystère qu'il faut respecter. » Cette recherche prend dans les deux premiers la forme de la route à parcourir, où l'on peut faire toutes les rencontres, et dans le troisième la forme de l'auberge (« espagnole ») où chaque chambre peut contenir les personnages les plus variés et les histoires dont ils sont porteurs.

Comme à chaque étape de sa carrière, Buñuel s'est adapté sans rechigner au cinéma ambiant, en l'occurrence le cinéma de néo-qualité française de ce début des années soixante-dix, aux images lisses et légèrement fades des pellicules de l'époque, à la mode sans doute la plus laide du dernier demi-siècle, à tous les acteurs, petite et grands, bons et mauvais, qui constituaient alors la « troupe » des acteurs du cinéma français.

On retrouve dans cette trilogie la même population de religieux, de militaires, de notables, de gendarmes, les mêmes salles de restaurant, les mêmes couloirs d'auberge, les mêmes demeures de riches, les mêmes routes de campagne, les mêmes acteurs dans des rôles parfois très proches, à tel point qu'il est parfois difficile de se souvenir précisément si tel ou tel épisode appartient à l'un ou à l'autre de ces films.

La structure de *La Voie lactée* relève du picaresque : deux pèlerins se rendent à Compostelle et vont croiser sur leur chemin toutes sortes de lieux et de personnages. Mais ce film est aussi une machine à remonter le temps, et le récit n'hésite jamais à sauter d'une époque à une autre pour mettre en scène les principales hérésies qui ont parsemé l'histoire de la religion catholique depuis ses origines. La liberté de narration du picaresque se double ici d'une liberté temporelle virtuose. Buñuel en profite pour mettre en scène quelques épisodes de l'Évangile, où il ne cache pas sa tendresse et sa préférence partisane pour la Vierge Marie, « son » Christ étant un étrange mélange d'humanité ordinaire (il rit, il court, il s'amuse) et de discours d'une grand dureté intransigeante.

La Voie lactée
(de gauche à droite et de haut en bas) :
Paul Frankeur et Delphine Seyrig ;
Pierre Clémenti et Paul Frankeur ;
Bernard Verley en Christ souriant.

Le Charme discret de la bourgeoisie joue avec l'emboîtement des récits à la façon des *Mille et Une Nuits*. Au fur et à mesure que le film avance, le spectateur est de moins en moins assuré du statut de la scène qui vient de commencer : réalité, rêve ou même rêve dans le rêve ? « J'ai rêvé, dit à un moment Paul Frankeur, que Sénéchal rêvait que nous étions sur une scène de théâtre. » Cette logique des récits gigognes autorise toutes les digressions et permet à Buñuel de raconter des petites histoires totalement détachées du récit d'ensemble dont le fil est très ténu : six bourgeois n'arrivent jamais à prendre ensemble un repas non interrompu. Un personnage secondaire, inconnu jusque-là, peut à tout moment prendre arbitrairement la parole et raconter un rêve ou un souvenir. Le film peut nous montrer quand bon lui semble les rêves et les

Fernando Rey et les armes à feu chères à Buñuel dans *Le Charme discret de la bourgeoisie.*

rêveries des protagonistes. Surgissent dans le lisse de l'enchaînement légèrement hypnotique des images quelques surprenants gros plans – le geste obscène du violoncelliste, les baskets de la jeune terroriste, les cafards qui jaillissent du piano à torture –, comme des images qui se souviendraient du premier cinéma, plus rugueux et plus brut, de Buñuel.

Dans le troisième volet de ce triptyque, *Le Fantôme de la liberté*, les deux complices Buñuel et Carrière vont encore plus loin dans cette exonération des règles supposées de l'écriture d'un film et osent un scénario qui rappelle le principe du « cadavre exquis » des surréalistes. Tout se passe comme si chaque nouvelle séquence repartait d'un personnage croisé à la fin de la précédente en ignorant ce qui a précédé dans le film. À un niveau émotionnel plus profond, il n'en est évidemment rien : une composition plus musicale, souterraine, secrète, se substitue à la continuité dramatique et au retour des mêmes personnages du scénario classique. Quelques scènes prennent un relief particulier, où l'on sent moins de « cérébralité » et un investissement émotionnel plus

Adriana Asti (à gauche), Jean-Claude Brialy et Monica Vitti (à droite) dans *Le Fantôme de la liberté.*

intense de Buñuel. La scène du très jeune homme qui a fugué avec sa tante, laquelle finit par se montrer nue et se donner à lui dans l'auberge de campagne. Celle où le préfet de police se souvient d'un jour de canicule où sa sœur, nue elle aussi dans sa chambre, a joué pour lui du piano et où il a été saisi d'un grand trouble sexuel à la vue de ses cuisses écartées sous le piano, qui rime avec le plan de Francisco sous la table de *El*. Ou encore la scène de l'homme qui tire au hasard sur les passants depuis le sommet de la tour Montparnasse, réalisant le geste surréaliste de sortir dans la rue et de tirer au hasard dans la foule.

Buñuel et le fusil à lunette.

L'œuvre ultime : *Cet obscur objet du désir*

Ce film est très émouvant d'avoir été réalisé par un cinéaste qui savait, en le tournant, que ce serait son dernier. Il constitue les adieux à la création d'un homme qui devait vivre encore six ans puisqu'il est mort le 29 juillet 1983 à Mexico. *Cet obscur objet du désir* présente beaucoup de caractéristiques d'une œuvre ultime. On y sent un homme qui se détache progressivement d'un monde où il ne se retrouve plus, un monde cerné par des attentats revendiqués par des groupuscules aux sigles incompréhensibles et aux mots d'ordre absurdes, un monde pollué dont il a l'impression qu'il va suicidairement à sa perte, un monde vainement agité et bruyant dont il va se retirer pour ses dernières années consacrées aux petits rituels de son art de vivre personnel et à la conversation avec ses amis.

Il revient avec ce dernier film au sujet qui l'aura hanté toute sa vie : la puissance du désir et son empêchement. Mais ici, en apparence en tout cas, l'empêchement de passer à l'acte n'est pas le fait psychique de l'homme. C'est la femme elle-même qui se refuse à cet homme, lequel devient de plus en plus fou de désir du fait de ces refus successifs. Sauf à penser, comme pour *Tristana* ou *Belle de jour*, que le film dans son entier n'est qu'une rêverie éveillée du personnage et que ces empêchements sont en fait l'expression des véritables pulsions de cet homme dans sa rêverie. *Cet obscur objet du désir* est un film de reprises et de récapitulation : il y remet une dernière fois en jeu la structure classique en comédie du couple homme mûr-jeune femme de *Viridiana* et de *Tristana,* où l'homme était déjà interprété par le même Fernando Rey.

Les deux Conchita de *Cet obscur objet du désir* : Carole Bouquet (en haut) et Ángela Molina (en bas).

Une étrangeté de ce film est le fait que le personnage de Conchita soit interprété par deux actrices, en alternance, au hasard des scènes. Buñuel commence le tournage de ce film avec l'actrice Maria Schneider. Il s'aperçoit au bout de quelques jours que rien ne fonctionne entre eux et qu'il n'arrive pas à y remédier. Il en parle à son producteur, Serge Silberman, et lui dit sous l'effet d'une intuition irraisonnée, sans avoir réfléchi une seconde à l'incongruité de sa proposition, qu'il pourrait tourner ce film avec *deux* actrices. Silberman le prend au mot et Buñuel engage deux comédiennes que tout à priori semble opposer : la grande et froide Carole Bouquet, la brune et piquante Ángela Molina, au type méditerranéen. Curieusement, les spectateurs n'ont pas été gênés le moins du monde par cet artifice qui aurait pu les empêcher d'entrer dans la fiction. Aux dires de Buñuel, certains ne s'en sont même pas rendus compte, ce qui n'a pu que le conforter dans sa forte croyance de toujours dans la vertu hypnotique du cinéma. Dans une scène du film, supposée se dérouler dans la réalité de la fiction, Mathieu se rend dans le cabaret où Conchita est danseuse, y rencontre une femme, responsable de la troupe, qui l'envoie à l'étage où il découvre comme dans un cauchemar qu'elle s'exhibe nue pour des touristes japonais. Jamais cinéaste n'a approché de si près, avec cet outil terriblement réaliste qu'est le cinéma, la vraie et profonde logique du rêve.

Cet obscur objet du désir a en commun avec *Susana la Perverse* que le désir de la femme y reste énigmatique[22]. Buñuel filme deux femmes fortement désirables, capables d'ébranler les hommes et leurs certitudes, de faire vaciller

22. Susana, Viridiana, Tristana, Conchita : cela fait beaucoup de prénoms en *a* – comme l'objet lacanien du même nom – pour ces personnages qui participent de cette même énigme du désir de la femme.

l'ordre masculin social, mais se refuse de nous dire ni même de prétendre savoir quelle est la vraie nature de leur désir à elles, qui restera indécidable. Ni de réussite sociale, ni de sexe, ni d'amour, et pourtant tout cela à la fois. L'ultime rebondissement de la fin de *Cet obscur objet du désir* est tout à fait énigmatique à ce sujet. Après la scène que l'on croyait être de dessillement irrémédiable pour Mathieu, la nuit où Conchita s'exhibe devant lui avec le jeune homme, on imagine qu'elle a atteint son but : une maison à elle et un jeune amant avec qui profiter de sa soudaine aisance. Mais il n'en est rien puisqu'elle suit Mathieu dans le train jusqu'à la scène finale dans la galerie parisienne. Leur scénario en boucle de couple infernal et l'intrication singulière de leurs désirs continuent au-delà du but que Conchita semblait s'être fixé. Buñuel, pour les derniers plans de son dernier film, fait sauter le monde qu'il a décidé de ne plus jamais filmer.

Réalité, rêve ou cauchemar ? Conchita danse nue pour des touristes asiatiques.

Pages suivantes :
La dernière scène du dernier film : Carole Bouquet et Fernando Rey regardent une dentellière avant l'explosion finale.

Épilogue

Les cinéastes qui atteignent en nous l'humain dans leurs films sont rares. Ils n'ont aucun rapport avec ceux qui nous engluent dans l'empathie affichée pour l'humanité de leurs personnages. Et encore moins avec ceux qui tiennent des propos de propagande sur leurs propres sentiments d'humanité. Ce sont précisément les cinéastes, rares, qui se placent *à côté* ou *en retrait* de l'humain, à une autre échelle de lucidité, ailleurs toujours que dans la pure et simple fusion avec leurs personnages ou avec eux-mêmes. Buñuel est de ceux-là. L'un des plus exemplaires. Il avait besoin d'être un violent, un tueur, un violeur, *les yeux fermés*, pour nous donner à éprouver la douceur de son humanité *les yeux ouverts*. Il avait besoin des insectes pour comprendre l'humanité. Il avait besoin d'autres échelles, d'autres logiques, d'images jamais vues dont il acceptait avec joie le surgissement. Derrière ses provocations, ses contradictions non feintes, son horreur du conventionnel, ses rugosités, son intransigeance, son humble acceptation des surgissements de l'inconscient, il a créé une œuvre sans un gramme de sentimentalisme ni de complaisance, où chaque spectateur peut se repérer, sinon se reconnaître, dans sa totalité, dans ses bons comme dans ses mauvais sentiments, dans ce qu'il comprend et dans ce qui le dépasse, dans ses gouffres comme dans ses sommets, dans ses zones diurnes et dans ses zones obscures, dans ses émotions comme dans son intelligence. Gagner en humanité est l'une des clés des personnages que Buñuel affectionne le plus dans ses films, de Simon du désert à Nazarin en passant par Viridiana. Peu de cinéastes ont réussi, comme lui, à inventer une poétique ouverte à une telle dimension de l'humain.

Page de gauche :

Luis Buñuel au travail sur le tournage du *Journal d'une femme de chambre*.

Biographie

1900. Luis Buñuel naît le 22 février à Calanda, en Espagne. Ses parents déménagent à Saragosse mais continueront à passer leurs vacances à Calanda.
1908-1915. Études à Saragosse, chez les Jésuites au collège du Salvador, puis au lycée de l'Enseignement secondaire.
1917-1924. Séjourne à la Résidence des étudiants de Madrid où il devient l'ami de Federico García Lorca et Salvador Dalí. Ses études sont hésitantes, entre agronomie, sciences naturelles, entomologie, philosophie.
1923. Mort de son père.
1925. Il séjourne à Paris où il rencontre Jeanne Rucar, qui deviendra sa femme.
1926-1928. Première mise en scène pour un petit théâtre de marionnettes d'Amsterdam du *Retable de maître Pierre* de Manuel De Falla. Assistant réalisateur sur *Mauprat* et *La Chute de la maison Usher* de Jean Epstein. Il écrit sur le cinéma dans *La Gaceta literaria* et dans *Les Cahiers d'art*.
1929. Il écrit, avec Salvador Dalí, et réalise *Un chien andalou* qui fait de lui instantanément un membre du groupe surréaliste.
1930. Il se brouille avec Dalí et réalise *L'Âge d'or*, produit grâce au mécénat des Noailles. Le film sort à Paris, fait scandale et subit des attaques violentes de l'extrême droite. Il est interdit au bout d'une semaine par le préfet Chiappe comme étant susceptible de troubler l'ordre public. **Décembre.** Buñuel se rend aux États-Unis, à l'invitation de la MGM, pour « apprendre comment on réalise un film à Hollywood ». Il n'y reste que quelques mois où il fréquente, entre autres, Charles Chaplin.
1932-1933. Réalise des doublages en espagnol pour la Paramount, à Paris puis à Madrid. Un ami anarchiste, Ramón Acin, qui a gagné à la loterie, lui donne 20 000 pesetas pour tourner le documentaire *Terre sans pain*, qu'il ne peut diffuser en Espagne car le film est jugé insultant pour le pays. Quitte le groupe surréaliste.
1934. Buñuel revient à Paris où il épouse Jeanne Rucar.
1935-1936. Produit des films populaires pour la compagnie Filmofono qu'il a fondée en Espagne avec un ami.
1936. Il assiste aux débuts de la guerre civile à Madrid. García Lorca est exécuté. Il part pour Paris où il travaille, à l'ambassade de la République espagnole, à la propagande cinématographique.
1939-1945. Fin de la guerre d'Espagne. Début de la Seconde Guerre mondiale. Buñuel s'exile aux États-Unis avec sa femme et leur fils Jean-Louis. Il s'installe à Los Angeles où il cherche, en vain, du travail. Période sombre où il tente même de travailler comme cuisinier dans un restaurant. Il est engagé au MoMA (Museum of Modern Art) pour choisir et traduire en espagnol et en portugais des

films antifascistes destinés à la diffusion en Amérique latine.

1942. Buñuel est en train de demander la nationalité américaine lorsque paraît aux États-Unis le livre de son ancien ami *La Vie secrète de Salvador Dalí*. Il y est qualifié d'« athée » et des pressions politiques l'obligent à démissionner du MoMA. Nouvelle période noire et recherche de travail. Retour à Los Angeles où il travaille aux versions espagnoles des films de la Warner Bros.

1946. Il accepte la proposition du producteur mexicain Oscar Dancigers de tourner pour lui des films populaires et s'installe à Mexico. Il réalise deux films de genre, *Gran Casino* et *Le Grand Noceur*. Le deuxième connaît un grand succès public.

1949. Il adopte la nationalité mexicaine.

1950. Il réalise *Los Olvidados*, que la presse mexicaine qualifie de film antimexicain.

1951. Le film est présenté au Festival de Cannes où il obtient le prix de la mise en scène et son auteur une nouvelle reconnaissance internationale qui ne se démentira plus.

1951-1958. Buñuel n'arrête plus de tourner et enchaîne film sur film, oscillant entre films de genre populaires et films plus personnels.

1958. *Nazarin* remporte le prix international du Jury au Festival de Cannes.

1960-1961. Buñuel accepte de tourner *Viridiana* en Espagne où il retourne pour la première fois depuis la fin de la guerre civile. Le film obtient la Palme d'or au Festival de Cannes et provoque des remous politiques en Espagne où il restera interdit jusqu'à la mort de Franco.

1963. Il tourne en France *Le Journal d'une femme de chambre* avec le producteur Serge Silberman et le scénariste Jean-Claude Carrière. Ce trio va fonctionner pendant toute la « période française », qui sera la dernière du cinéaste.

1972. *Le Charme discret de la bourgeoisie* remporte l'Oscar du meilleur film étranger.

1977. Buñuel tourne son dernier film, *Cet obscur objet du désir.*

1982. Publie *Mon dernier soupir*, écrit en collaboration avec Jean-Claude Carrière.

1983. Luis Buñuel meurt à Mexico le 29 juillet.

Filmographie

UN CHIEN ANDALOU **1929**

N&B. **Scénario** Luis Buñuel, Salvador Dalí. **Image** Albert Duverger. **Montage** Luis Buñuel. **Musique** Wagner, tangos argentins (film sonorisé en 1960 à partir des disques muets d'origine). **Direction artistique** Pierre Schilzneck. **Production** Luis Buñuel (France). **Durée** 17 mn. Avec Pierre Batcheff (L'homme), Simone Mareuil (La jeune fille), Luis Buñuel (L'homme au rasoir), Salvador Dalí (Un mariste).

Un homme, dans un univers qui échappe aux lois de l'espace et du temps, de la vie et de la mort, désire une femme qu'il a du mal à atteindre.

L'ÂGE D'OR **1930**

N&B. **Scénario** Luis Buñuel, avec la collaboration de Salvador Dalí. **Image** Albert Duverger. **Assistants** Jacques-Bernard Brunius, Claude Heyman. **Montage** Luis Buñuel. **Musique** Georges von Parys, Mozart, Beethoven, Debussy, Mendelsohn, Wagner. **Direction artistique** Pierre Schilzneck. **Production** M. le vicomte Charles de Noailles (France). **Durée** 1 h. Avec Gaston Modot (L'homme), Lya Lys (La femme), Max Ernst (Le chef des bandits), Pierre Prévert (Un bandit), Germaine Noizet (La marquise de X...), José Llorens Artigas (Le gouverneur), Jacques-Bernard Brunius, Marie-Berthe Ernst, Manuel Ortiz, Paul Éluard.

Selon Buñuel, « il s'agissait surtout d'un film d'amour fou, d'une poussée irrésistible qui jette l'un vers l'autre, quelles que soient les circonstances, un homme et une femme qui ne peuvent jamais s'unir ».

TERRE SANS PAIN
(LAS HURDES, TIERRA SIN PAN) **1932**

N&B. **Scénario** Luis Buñuel, d'après le livre de Maurice Legendre. **Image** Eli Lotar. **Montage** Luis Buñuel. **Musique** Brahms. **Production** Ramón Acín (Espagne). **Durée** 27 mn. Commentaire lu par Albert Jacquin.

Âpre documentaire sur l'une des régions les plus desheritées d'Espagne dans les années trente, la région de Las Hurdes, au nord de l'Estrémadure, où les habitants vivent alors encore comme au Moyen Âge, dans la maladie et la misère.

GRAN CASINO
(EN EL VIEJO TAMPICO) **1946**

N&B. **Scénario** Luis Buñuel, Mauricio Magdaleno et Edmund Baeg, d'après le roman de Michel Weber, *El Rugido del paraíso*. **Dialogues** Javier Mateos. **Image** Jack Draper. **Son** Javier Mateos. **Décors** Raúl Serrano. **Montage** Luis Buñuel, Gloria Schoemann. **Direction artistique** Javier Torres Torija. **Production** Films Anahuac, Oscar Dancigers (Mexique). **Durée** 1 h 25. Avec Libertad Lamarque (Mercedes Irigoyen), Jorge Negrete (Gerardo Ramírez), Mercedes Barba (Camelia), Agustín Isunza (Heriberto).

Un aventurier tente de rétablir dans ses droits une jeune chanteuse de casino, héritière d'un puits de pétrole, et tombe amoureux d'elle.

LE GRAND NOCEUR
(EL GRAN CALAVERA) **1949**

N&B. **Scénario** Luis Alcoriza, Janet Alcoriza, d'après le roman d'Adolfo Torrado. **Image** Ezequiel Carrasco. **Son** Rafael Ruiz Esparza, Jesús González Gancy. **Montage** Luis Buñuel, Carlos Savage. **Musique** Manuel Esperón. **Direction artistique** Luis Moya. **Production** Ultramar Films, Fernando Soler, Oscar Dancigers (Mexique). **Durée** 1 h 30. Avec Fernando Soler (Don Ramiro), Rosario Granados (Virginia), Andrés Soler (Ladislao), Rubén Rojo (Pablo), Gustavo Rojo (Eduardo), Maruja Grifel (Milagros).

Un homme riche, alcoolique mondain, dilapide sa fortune en faisant la fête. Se famille lui fait croire qu'il se réveille d'un long coma et met en scène une vie de labeur et de pauvreté dans laquelle ils seraient tombés à cause de ses excès. À l'occasion de cette simulation, tous ces anciens oisifs découvrent la joie du travail utile à la société.

LOS OLVIDADOS **1950**

N&B. **Scénario** Luis Buñuel, Luis Alcoriza. **Image** Gabriel Figueroa. **Son** José B. Carles, Jesús González Gancy. **Montage** Luis Buñuel, Carlos Savage. **Musique** Rodolfo Halffter. **Direction artistique** Edward Fitzgerald. **Production** Ultramar Films, Oscar Dancigers, Jaime Menasco (Mexique). **Durée** 1 h 20. Avec Alfonso Mejía (Pedro), Stella Inda (Marta, sa mère), Ramón Martínez (Nacho), Roberto Cobo (Jaíbo), Miguel Inclán (L'aveugle).

Dans les bidonvilles de Mexico, la survie de quelques enfants et adolescents orphelins, délaissés ou mal aimés par leurs parents. L'un d'eux, Jaíbo, chef de bande prestigieux, à peine sorti de prison, tue un garçon de son âge qu'il soupçonne de l'avoir dénoncé. Un enfant plus jeune, Pedro, mal aimé de sa mère, assiste au meurtre et n'arrivera pas, malgré tous ses efforts pour s'en sortir, à s'évader de l'emprise de Jaíbo.

SUSANA LA PERVERSE
(SUSANA, DEMONIO Y CARNE) **1950**

N&B. **Scénario** Luis Buñuel, Jaime Salvador, Rodolfo Usigli, d'après un sujet de Manuel Reachi. **Image** José Ortiz Ramos. **Son** Nicolas De La Rosa. **Montage** Luis Buñuel, Jorge Bustos. **Musique** Raúl Lavista. **Direction artistique** Gunther Gerszo. **Production** Internacional Cinematográfica, Sergio Kogan, Manuel Reachi (Mexique). **Durée** 1 h 22. Avec Fernando Soler (Don Guadalupe), Matilde Palau (Doña Carmen), Luis López Somoza (Alberto), Rosita Quintana (Susana), Víctor Manuel Mendoza (Jesús, le contremaître), María Gentil Arcos (Felisa, la servante).

Susana, une plantureuse et désirable jeune fille, s'évade du pénitencier et débarque sous l'orage dans une hacienda où elle est recueillie. Une fois dans la place, elle va entreprendre de séduire le chef de famille et patron don Guadalupe, son fils Alberto et le contremaître Jesús. Elle dresse tous ces hommes les uns contre les autres et se fait haïr des femmes de la maison.

DON QUINTÍN L'AMER (LA HIJA DEL ENGAÑO) **1951**

N&B. **Scénario** Luis et Janet Alcoriza, d'après la pièce *Don Quintín el Amargao* de Carlos Arniches y Estremera. **Image** José Ortiz Ramos. **Son** Eduardo Ajorna, Jesús González. **Décors** Pablo Galván. **Montage** Luis Buñuel, Carlos Savage. **Musique** Manuel Esperón. **Direction artistique** Edward Fitzgerald. **Production** Ultramar Films (Mexique). **Durée** 1 h 20. Avec Fernando Soler (Don Quintín Guzman), Alicia Caro (Marta), Fernando Soto (Mantequilla), Rubén Roje (Paco), Nacho Contra (Jonron).

Un voyageur de commerce abandonne sa femme qui l'a trompé. Elle lui dit qu'il n'est pas le vrai père de Marta. Celle-ci est recueillie et élevée par un ivrogne.

UNE FEMME SANS AMOUR (UNA MUJER SIN AMOR) **1951**

N&B. **Scénario** Jaime Salvador, Rodolfo Usigli, d'après *Pierre et Jean* de Guy de Maupassant. **Image** Raúl Martínez Solares. **Son** Rodolfo Benitez, Antonio Bustos. **Montage** José Bustos. **Musique** Raúl Lavista. **Direction artistique** Gunther Gerszo. **Production** Internacional Cinematográfica (Mexique). **Durée** 1 h 30. Avec Rosario Granados (Rosario Montero), Julio Villareal (Don Carlos Monteros), Tito Junco (Julio Mistral), Jaime Calpe (Carlitos).

Un fils découvre à l'âge adulte que sa mère a eu une aventure dont il lui tient rigueur. Mais il finira par la comprendre et la pardonner.

LA MONTÉE AU CIEL (LA SUBIDA AL CIELO) **1951**

N&B. **Scénario** Luis Buñuel, Manuel Reachi, Manuel Altolaguirre, Juan De La Cabada, Lilia Solano Galeana. **Image** Alex Phillips. **Son** Eduardo Arjona, Jesús González. **Montage** Luis Buñuel, Rafael Portillo. **Musique** Gustavo Pittaluga. **Direction artistique** Edward Fitzgerald, José Rodríguez Granada. **Production** Producciones Isla, Manuel Altolaguirre et María Luisa Gómez Mena (Mexique). **Durée** 1 h 25. Avec Lilia Prado (Raquel), Estebán Marquez (Oliverio Grajales), Carmen González (Albina), Luis Aceves Castañeda (Silvestre), Manuel Dondé (Don Eladio).

Un jeune homme interrompt sa nuit de noces car sa mère est mourante. Il doit partir en autocar pour retrouver un notaire qui seul peut empêcher un détournement de l'héritage. Le voyage va être mouvementé et plein de péripéties.

L'ENJÔLEUSE (EL BRUTO) **1952**

N&B. **Scénario** Luis Buñuel, Luis Alcoriza. **Image** Agustín Jiménez. **Son** Javier Mateos, Galdino Samperio, Antonio Bustos. **Montage** Luis Buñuel, Jorge Bustos. **Musique** Raúl Lavista. **Direction artistique** Gunther Gerszo. **Production** Internacional Cinematográfica, Sergio Kogan (Mexique). **Durée** 1 h 23. Avec Pedro Armendáriz (Pedro, dit « El Bruto »), Katy Jurado (Paloma Cabrera), Rosita Arenas (Meche), Andrés Soler (Andrés Cabrera).

Un vieux propriétaire veut chasser les locataires, pauvres, d'un immeuble qui lui appartient. Il engage un homme brutal, surnommé El Bruto, employé des abattoirs, pour les terroriser. Celui-ci frappe à mort l'homme qui avait organisé la résistance des locataires. Il va tomber successivement amoureux de la maîtresse du propriétaire et de la fille de l'homme qu'il a tué. Mais la première le dénonce à la seconde.

LES AVENTURES DE ROBINSON CRUSOÉ (AVENTURAS DE ROBINSON CRUSOE) **1952**

N&B. **Scénario** Luis Buñuel, Philip Ansel Roll, d'après le roman de Daniel Defoe. **Image** Alex Phillips. **Son** Javier Mateos. **Décors** Pablo Galbán. **Montage** Luis Buñuel, Carlos Savage, Alberto Valenzuela. **Musique** Juis Hernadez Breton. **Direction artistique** Edward Fitzgerald. **Production** Ultramar Films, Oscar Dancigers, OLMEC (United Artists) (Mexique-États-Unis). **Durée** 1 h 29. Avec Dan O'Herlihy (Robinson Crusoé), Jaíme Fernandez (Vendredi), Felipe de Alba (Le capitaine Oberzo), Chel López (Le second), José Chávez et Emilio Garibay (Les mutins).

Adaptation du roman de Daniel Defoe où Robinson dialogue philosophie et religion avec un Vendredi à pédagogiser.

EL (ÉL) **1952**

N&B. **Scénario** Luis Buñuel, Luis Alcoriza, d'après le roman de Mercedes Pinto. **Image** Gabriel Figueroa. **Son** José de Pérez, Jesús González Gancy. **Décors** Pablo Galván. **Montage** Luis Buñuel, Carlos Savage. **Musique** Luis Hernández Bretón. **Direction artistique** Edward Fitzgerald. **Production** Ultramar Films, Oscar Dancingers, Tepayac (Mexique). **Durée** 1 h 40. Avec Arturo De Córdova (Francisco Galván De Montemayor), Delia Garcés (Gloria), Luis Beristáin (Raúl Conde).

Un notable de Mexico, catholique pratiquant, tombe amoureux à l'église d'une jeune femme, fiancée à un de ses anciens amis. Il met tout en œuvre pour l'épouser et parvient à ses fins. Commence alors pour Gloria un calvaire dû à la jalousie maladive de son mari.

LES HAUTS DE HURLEVENT (ABISMOS DE PASÍON, CUMBRES BURRASCOSAS) **1953**

N&B. **Scénario** Luis Buñuel, Julio Alejandro, Arduino Maiuri, d'après le roman d'Emily Brontë. **Image** Agustín Jiménez. **Son** Eduardo Arjona, Galdino Samperio. **Montage** Luis Buñuel, Carlos Savage. **Musique** Raúl Lavista, Wagner (*Tristan et Yseult*). **Direction artistique** Edward Fitzgerald. **Production** Producciones Tepayac, Oscar Dancigers (Mexique). **Durée** 1 h 30. Avec Irasema Dilián (Catarina), Jorge Mistral (Alejandro), Ernesto Alonso (Eduardo), Lilia Prado (Isabel), Luis Aceves Castañeda (Ricardo).

Adaptation très mexicaine du roman d'Emily Brontë. Un homme qui s'est enrichi revient au domaine de son enfance, où il a été un enfant adopté. Il veut épouser celle qu'il a toujours aimée, mais elle a fait un mariage de confort. Pour se venger, il épouse sa sœur.

ON A VOLÉ UN TRAM (LA ILUSÍON VIAJA EN TRANVÍA) 1953

N&B. **Scénario** Mauricio De La Serna, José Revueltas, Luis Alcoriza, Juan De La Cabada, d'après un conte de Mauricio De La Serna. **Image** Raúl Martínez Solares. **Son** José De Pérez, Rafael Luis Esparza. **Montage** Luis Buñuel, Jorge Bustos. **Musique** Luis Hernández Bretón. **Direction artistique** Edward Fitzgerald. **Production** Clasa Films Mundiales, Armando Orive Alba (Mexique). **Durée** 1 h 22. Avec Lilia Prado (Lupita), Carlos Navarro (Juan Caireles), Fernando Soto (Tarrajas), Agustín Isunza (Papa Pinillos), Miguel Manzano (Don Manuel).

Deux anciens chauffeurs de tram volent leur ancien outil de travail qui doit aller à la casse. Ivres, ils sillonnent la ville dans tous les sens, de nuit, à bord de ce tram qui va accueillir les passagers les plus variés.

LE FLEUVE DE LA MORT (EL RÍO DE LA MUERTE) 1954

N&B. **Scénario** Luis Buñuel, Luis Alcoriza, d'après le roman *Muro blanco sobre roca negra* de Miguel Alvarez Acosta. **Image** Raúl Martínez Solares. **Son** José De Pérez, Rafael Luis Esparza. **Décors** José G. Jara. **Montage** Luis Buñuel, Jorge Bustos. **Musique** Raúl Lavista. **Direction artistique** Gunther Gerszo. **Production** Clasa Films Mundiales, Armando Orive Alba (Mexique). **Durée** 1 h 30. Avec Columba Dominguez (Mercedes), Miguel Torruco (Felipe Anguiano), Joaquin Cordero (Gerardo Anguiano), Jaime Fernandez (Romula Menchaca).

Une sombre histoire de clans et de vengeances à répétition dans un petit village de la côte. Mais l'engrenage infernal de la vengeance va finir par s'arrêter.

LA VIE CRIMINELLE D'ARCHIBALD DE LA CRUZ (ENSAYO DE UN CRIMEN) 1955

N&B. **Scénario** Luis Buñuel, Eduardo Ugarte, d'après le roman éponyme de Rodolfo Usigli. **Image** Agustín Jiménez. **Son** Roodolfo Benitez. **Décors** Manuel L. Guevara. **Montage** Luis Buñuel, Jorge Bustos. **Musique** Jorge Pérez. **Direction artistique** Jesús Bracho. **Production** Alianza Cinematografica, Alfonso Patiño Gómez (Mexique). **Durée** 1 h 31. Avec Ernesto Alonso (Archibald de la Cruz), Miroslava Stern (Lavinia), Rita Macedo (Patricia Terrazas), Adriana Welter (Carlotta), Rodolfo Landa (Alejandro Rivas).

Petit garçon, Archibald de la Cruz a assisté à la mort, par balle perdue, de son institutrice, tombée au sol à ses pieds, dévoilant ses cuisses. Cette image a suscité chez lui un émoi érotique qu'il cherche, adulte, à retrouver. Il tente donc de tuer les jeunes femmes qu'il rencontre, mais à chaque tentative de meurtre, son acte, pourtant soigneusement mis en scène, lui est confisqué par le hasard ou par quelqu'un d'autre.

CELA S'APPELLE L'AURORE 1955

N&B. **Scénario** Luis Buñuel, Jean Ferry, d'après le roman d'Emmanuel Robles. **Image** Robert Le Febvre. **Son** Antoine Petitjean. **Montage** Luis Buñuel, Marguerite Renoir. **Musique** Joseph Kosma. **Direction artistique** Max Douy. **Production** Les films Marceau, Lætitia Films (France-Italie). **Durée** 1 h 48. Avec Georges Marchal (Le docteur Valerio), Lucia Bosé (Clara), Gianni Esposito (Sandro Galli), Julien Bertheau (Le commissaire Fasaro), Nelly Borgeaud (Angéla).

Un médecin, en mission en Corse pour une grosse entreprise, a une liaison clandestine avec une jeune femme pendant que son épouse se rétablit sur le continent. Il va cacher chez lui un ouvrier traqué qui a tué son patron responsable de la mort de sa femme.

LA MORT EN CE JARDIN (LA MUERTE EN ESTE JARDÍN) 1956

Scénario Luis Buñuel, Raymond Queneau, Luis Alcoriza. **Image** Jorge Stahl Jr. **Son** José de Pérez, Galdino Samperio. **Montage** Luis Buñuel, Marguerite Renoir. **Musique** Paul Misraki. **Production** Producciones Tepayac, Oscar Dancigers, Films Dismages, Jacques Mage (France-Mexique). **Durée** 1 h 37. Avec Simone Signoret (Djin), Georges Marchal (Chark), Charles Vanel (Castin), Michèle Girardon (Maria), Tito Junco (Chenco), Luis Aceves Castañeda (Alberto).

À la suite d'une rébellion dans une mine de diamants, cinq personnages en fuite se retrouvent perdus en pleine forêt équatoriale où ils vont survivre grâce aux restes d'un avion qui s'y est écrasé.

NAZARIN (NAZARÍN) 1958

N&B. **Scénario** Luis Buñuel, Julio Alejandro, Emilio Carballido. **Image** Gabriel Figueroa. **Son** José De Pérez, James L. Fields. **Montage** Luis Buñuel, Carlos Savage. **Chanson** Macedonio Alcalá. **Direction artistique** Edward Fitzgerald. **Production** Producciones Barbachano Ponce (Mexique). **Durée** 1 h 34. Avec Francisco Rabal (Nazarin), Marga López (Béatriz), Rita Macedo (Andara), Ignacio López Tarso (Le pilleur de troncs), Ofelia Guilmain (Chanfa), Luis Aceves Castañeda (Le parricide), Noé Murayama (El Pinto), Jesús Fernández (Ujo).

Un jeune prêtre vit pauvrement parmi les pauvres et les prostituées, toujours prêt à se dépouiller par charité. Après l'incendie de son logement par une des prostituées qu'il a recueillie après une rixe, il décide de prendre la route. Il retrouve sur son chemin deux autres prostituées qui le décrètent saint, à la suite de la guérison miraculeuse d'un enfant, et qui décident de le suivre.

LA FIÈVRE MONTE À EL PAO (LOS AMBICIOSOS) 1959

N&B. **Scénario** Luis Buñuel, Luis Alcoriza, Louis Sapin, Charles Dorat, Henri Castillou (d'après son roman). **Image** Gabriel Figueroa. **Son** William Robert Sivel. **Décors** Pablo Galbán. **Montage** Rafael Ceballos (version mexicaine), James Cuenet (version française). **Musique** Paul Misraki. **Direction artistique** Jorge Fernández. **Production** Filmex (Gregorio Walerstein, Oscar Dancigers), Indus Films, Terra Films, Cormoran Films, Films Borderie (France-Mexique). **Durée** 1 h 37. Avec Gérard Philipe (Ramón Vásquez), María Félix (Iñes Vargas), Jean Servais (Alejandro Gual), Víctor Junco (Indarte), Roberto Canedo (Le colonel Olivares), Andrés Soler (Carlos Barreiro).
Dans un pays au régime dictatorial, un idéaliste tente d'améliorer les conditions de vie des détenus d'un pénitencier où il est secrétaire du directeur. Les drames vont s'enchaîner.

LA JEUNE FILLE (THE YOUNG ONE) 1960

N&B. **Scénario** Luis Buñuel, H. B. Haddis, d'après un conte de Peter Mathiesen. **Image** Gabriel Figueroa. **Son** José B. Carles, Gadino Samperio. **Montage** Luis Buñuel, Carlos Savage. **Musique** Jesús Zarzosa. **Direction artistique** Jesús Bracho. **Production** Producciones Olmeca, Columbia, George P. Werker (États-Unis-Mexique). **Durée** 1 h 35. Avec Zachary Scott (Miller), Bernie Hamilton (Travers), Kay Meersam (Ewie), Graham Denton (Jackson), Claudio Brook (Le pasteur Fleetwood).
Sur une île du sud des États-Unis, une toute jeune fille perd son vieil oncle et se retrouve livrée à la convoitise de Miller, le garde-chasse chez qui ils vivaient. Miller abuse d'elle. Un Noir débarque sur l'île, injustement accusé du viol d'une Blanche dans la ville voisine du continent. Commence alors un affrontement, dans le huis clos de l'île, entre le Noir, Miller, un de ses amis ouvertement raciste et le pasteur.

VIRIDIANA 1961

N&B. **Scénario** Luis Buñuel, Julio Alejandro. **Image** José Fernández Aguayo. **Montage** Luis Buñuel, Pedro Del Rey. **Musique** Haendel (*Le Messie*), Mozart (*Requiem*). **Direction artistique** Francisco Canet. **Production** Gustavo Alatriste, Uninci, Films 59, Ricardo Muñoz Suay (Espagne-Mexique). **Durée** 1 h 30. Avec Silvia Pinal (Viridiana), Fernando Rey (Don Jaime), Francisco Rabal (Jorge), Margarita Lozano (Ramona), Teresa Rabal (Rita), José Calvo (Amalio).
La novice Viridiana rend visite à son oncle don Jaime avant de prononcer ses vœux. Il veut la garder auprès de lui et entreprend de l'endormir, un soir, pour abuser d'elle. Il y renonce au dernier moment et se suicide. Elle recueille des miséreux dans la propriété qu'elle partage désormais avec le fils naturel de son oncle, Jorge. Un soir, les mendiants se livrent à une orgie et l'un d'eux tente de la violer.

L'ANGE EXTERMINATEUR (EL ÁNGEL EXTERMINADOR) 1962

N&B. **Scénario** Luis Buñuel. **Image** Gabriel Figueroa. **Son** José B. Carles. **Montage** Luis Buñuel, Carlos Savage. **Musique** Raúl Lavista. **Direction artistique** Jesús Bracho. **Production** Gustavo Alatriste (Mexique). **Durée** 1 h 35. Avec Silvia Pinal (Laetitia), Enrique Rambal (Edmundo Nobile), Jacqueline Andere (Alicia Roc), José Baviera (Leandro Gomez), Augusto Benedico (Le docteur), Luis Berisáin (Cristian Ugalde), Claudio Brook (Le majordome).
De riches bourgeois invitent un soir leurs amis et relations à un grand dîner dans leur hôtel particulier. Au moment de s'en aller, tous sont empêchés par une force irrésistible de sortir de la pièce de réception. La situation va se dégrader progressivement.

LE JOURNAL D'UNE FEMME DE CHAMBRE 1963

N&B. **Scénario** Luis Buñuel, Jean-Claude Carrière, d'après le roman d'Octave Mirbeau. **Image** Roger Fellous. **Son** Antoine Petitjean, Robert Kambourakis. **Montage** Louisette Hautecœur. **Direction artistique** Georges Wakhevitch. **Production** Speva Films, Ciné-Alliances, Filmsonor, Dean Films Produzione, Serge Silberman, Michel Safra (France). **Durée** 1 h 38. Avec Jeanne Moreau (Célestine), Georges Géret (Joseph), Michel Piccoli (M. Monteil), François Lugagne (Mme Monteil), Jean Ozenne (M. Rabour), Jean-Claude Carrière (Le curé).
Célestine arrive chez les Monteil, hobereaux de province, où elle a été engagée comme bonne. Elle va se prêter aux rituels fétichistes du vieux père Monteil et susciter la concupiscence du fils de la maison. Le garde-chasse Joseph et un capitaine à la retraite, voisin des Monteil, lui proposent tous deux de l'épouser.

SIMON DU DÉSERT (SIMÓN DEL DESIERTO) 1964

N&B. **Scénario** Luis Buñuel, Julio Alejandro. **Image** Gabriel Figueroa. **Son** James F. Fields. **Montage** Luis Buñuel, Carlos Savage. **Musique** Raúl Lavista. **Production** Gustavo Alatriste (Mexique). **Durée** 43 mn. Avec Claudio Brook (Simon), Hortensia Santoveñia (La mère de Simon), Silvia Pinal (Le démon), Jesús Fernández (Le berger nain), Enrique Alvarez Félix (Frère Mathias), Enrique García Alvarez (Frère Zénon), Luis Aceves Castañeda (Trifon).
Simon est un anachorète du Moyen Âge qui a fait le choix de ne plus quitter la colonne où il se nourrit de salade et passe l'essentiel de son temps à prier Dieu. Les moines voisins et la population locale lui

rendent régulièrement visite. Le diable ne cesse de venir le tenter sous les traits d'une femme aux manœuvres et aux déguisements ingénieux.

BELLE DE JOUR **1966**

Scénario Luis Buñuel, Jean-Claude Carrière, d'après le roman de Joseph Kessel. **Image** Sacha Vierny. **Son** René Longuet. **Montage** Louisette Hautecœur. **Direction artistique** Robbert Clavel. **Production** Henri Baum, Paris Film Production (Robert et Raymond Hakim), Five Film (France-Italie). **Durée** 1 h 40. Avec Catherine Deneuve (Séverine Sérizy), Jean Sorel (Pierre Sérizy), Michel Piccoli (Henri Husson), Geneviève Page (Mme Anaïs), Francisco Rabal (Hippolyte), Pierre Clémenti (Marcel), Françoise Fabian (Charlotte), Francis Blanche (M. Adolphe).

Séverine est la jolie épouse d'un jeune médecin qu'elle aime mais pour lequel elle n'éprouve aucun désir sexuel, alors qu'elle se livre volontiers à des fantasmes érotiques masochistes. Un ami lui parle d'une maison close chic où elle se rend par curiosité et dont elle devient chaque jour, « de 2 à 5 », une des filles.

LA VOIE LACTÉE **1968**

Scénario Luis Buñuel, Jean-Claude Carrière. **Image** Christian Matras. **Son** Jacques Gallois. **Montage** Luis Buñuel, Louisette Hautecœur. **Direction artistique** Pierre Guffroy. **Production** Serge Silbermann, Greenwich Film, Fraia Film (France-Italie). **Durée** 1 h 40. Avec Paul Frankeur (Pierre), Laurent Terzieff (Jean), Alain Cuny (L'homme à la cape), Édith Scob (La Vierge Marie), Bernard Verley (Jésus), Michel Piccoli (Le marquis de Sade), Pierre Clémenti (L'ange de la mort).

Deux pèlerins ont entrepris le pèlerinage vers Saint-Jacques-de-Compostelle. En chemin ils vont faire toutes sortes de rencontres et connaître bien des aventures. Mais leur voyage est aussi un voyage dans le temps où ils vont croiser la plupart des hérésies qui ont été réfutées et réprimées depuis l'origine de l'Église catholique.

TRISTANA **1969**

Scénario Luis Buñuel, Julio Alejandro, d'après le roman de Pérez Galdos. **Image** José F. Aguayo. **Son** José Norgueira, Dino Fronzetti. **Montage** Luis Buñuel, Pedro Del Rey. **Direction artistique** Enrique Alarcón. **Production** Epoca Film, Talia Film, Selenia Cinematografica, Les Films Corona (Espagne-Italie-France). **Durée** 1 h 40. Avec Catherine Deneuve (Tristana), Fernando Rey (Don Lope), Franco Nero (Horacio), Lola Gaos (Saturna), Jesús Fernández (Saturno), Antonio Casas (Don Cosme).

A Tolède, don Lope, vieux bourgeois libéral, parvient à ses fins en séduisant sa jeune pupille Tristana. Il veille jalousement sur elle mais le hasard lui fait rencontrer un jeune peintre dont elle tombe amoureuse et avec qui elle s'enfuit. Malade, amputée d'une jambe, elle revient chez don Lope et l'épouse.

LE CHARME DISCRET DE LA BOURGEOISIE **1972**

Scénario Luis Buñuel, Jean-Claude Carrière. **Image** Edmond Richard. **Son** Guy Villette. **Montage** Hélène Plémiannikov. **Direction artistique** Pierre Guffroy. **Production** Serge Silberman, Greenwich Film, Jet Film, Dean Film (France-Espagne-Italie). **Durée** 1 h 41. Avec Fernando Rey (Rafaele Costa), Paul Frankeur (François Thévenot), Delphine Seyrig (Mme Thévenot), Bulle Ogier (Florence), Jean-Pierre Cassel (Henri Sénéchal), Stéphane Audran (Alice Sénéchal), Julien Bertheau (L'évêque), Claude Piéplu (Le colonel), Michel Piccoli (Le ministre).

Une poignée de notables, qui partagent la même vie mondaine, vont être empêchés par les circonstances, à chaque fois qu'ils se retrouvent à table, de consommer le repas qui devait les réunir.

LE FANTÔME DE LA LIBERTÉ **1974**

Scénario Luis Buñuel, Jean-Claude Carrière. **Image** Edmond Richard. **Son** Guy Villette. **Montage** Hélène Plémiannikov. **Direction artistique** Pierre Guffroy. **Production** Serge Silbermann, Greenwich Film (France). **Durée** 1 h 43. Avec Adriana Asti (La sœur du préfet de police, la dame en noir), Julien Bertheau (Le premier préfet de police), Jean-Claude Brialy (M. Foucault), Monica Vitti (Mme Foucault), Adolfo Celi (Le docteur), Paul Frankeur (L'aubergiste), Michel Lonsdale (Le chapelier), Michel Piccoli (Le deuxième préfet de police), Claude Piéplu (Le commissaire), Jean Rochefort (M. Legendre).

Le moins résumable des films de l'histoire du cinéma puisque Buñuel se refuse à suivre les mêmes personnages et prend un malin plaisir à faire se croiser et à emboîter les uns dans les autres des mini-récits gigognes à la façon des Mille et Une Nuits *ou de l'auberge de* Don Quichotte.

CET OBSCUR OBJET DU DÉSIR **1977**

Scénario Luis Buñuel, Jean-Claude Carrière, d'après *La Femme et le Pantin* de Pierre Louÿs. **Image** Edmond Richard. **Son** Guy et Olivier Villette. **Montage** Luis Buñuel, Hélène Plémiannikov. **Musique** Wagner. **Production** Serge Silbermann, Greenwich Film, Les Films Galaxie (France-Espagne). **Durée** 1 h 43. Avec Fernando Rey (Mathieu Faber), Carole Bouquet (Conchita), Ángela Molina (Conchita), Julien Bertheau (Édouard), André Weber (Martin, le domestique).

Dans un train entre Séville et Madrid, un homme dans la cinquantaine raconte aux autres passagers la passion amoureuse en boucle qu'il a connue avec une jeune femme qui n'a cessé de se promettre à lui et de se dérober, le rendant de plus en plus fou de désir frustré.

Cette filmographie a été établie à partir de celle de Charles Tesson (*Luis Buñuel*, Cahiers du cinéma, coll. « Auteurs », 1995), que nous remercions.

Bibliographie sélective

Écrits et propos de Luis Buñuel

Ado KYROU (textes et propos présentés par), *Luis Buñuel*, Paris, Seghers, coll. « Cinéma d'aujourd'hui », 1962.

Luis BUÑUEL, *Goya 1928*, traduit de l'espagnol par Dorita Nouhaud, Paris, J. Damase, 1987. Texte inachevé écrit entre 1927 et 1928 et illustré par des dessins de Goya.

Luis BUÑUEL, *Entretiens avec Max Aub*, traduit de l'espagnol par Lucien Mercier, préface de Jean-Claude Carrière, Paris, Belfond, 1991.

Luis BUÑUEL, Jean-Claude CARRIÈRE, *Là-bas, un scénario original de Luis Buñuel et Jean-Claude Carrière d'après le roman de Huysmans*, préface de Jean-Claude Carrière, Paris, Archipel, coll. « Écriture », 1993.

Tomás PÉREZ TURRENT, José De La COLINA, *Conversations avec Luis Buñuel : il est dangereux de se pencher au-dedans*, traduit de l'espagnol par Marie Delporte, préface de Charles Tesson, Paris, Cahiers du cinéma, 1993.

Luis BUÑUEL, *Le Christ à cran d'arrêt*, Paris, Plon, 1995. Recueil de textes écrits entre 1922 et 1929.

Luis BUÑUEL, *Mon dernier soupir*, Paris, Robert Laffont, 2000 ; rééd. Ramsay, coll. « Ramsay poche cinéma », 2006.

Ouvrages sur Luis Buñuel

Freddy BUACHE, *Luis Buñuel*, Lausanne, Éd. L'Âge d'homme / La Cité, 1970.

Marcel OMS, *Don Luis Buñuel*, Paris, Éd. du Cerf, coll. « 7e Art », 1985.

Marie-Claude TARANGER, *Luis Buñuel : le jeu et la loi*, Nanterre, Université Paris X-Nanterre, 1986.

Charles TESSON, *El, étude critique*, Paris, Nathan, coll. « Synopsis », 1996.

Charles TESSON, *Luis Buñuel*, Paris, Cahiers du cinéma, coll. « Auteurs », 1995.

Manuel RODRIGUEZ BLANCO, Paris, Bifi / Durante, coll. « Ciné-Regards », 2000.

Luis Buñuel, Paris, Éd. du Centre Pompidou, 2000.

Bill KROHN, *Luis Buñuel : une chimère 1900-1983*, Cologne, Taschen, 2005.

DVD

Montparnasse vidéo

Un chien andalou.

Films sans frontières

Los Olvidados / Terre sans pain, Susana la Perverse, L'Enjôleuse, Les Hauts de Hurlevent, Viridiana, La Vie criminelle d'Archibald de la Cruz / El.

GCTHV

Le Grand Noceur, Don Quintín l'Amer, La Montée au ciel, On a volé un tram, Le Fleuve de la mort, L'Ange exterminateur / Simon du désert.

René Chateau

Cela s'appelle l'aurore.

Gaumont Columbia TriStar Home video

Nazarin.

Studio Canal

Gran Casino, Le Journal d'une femme de chambre, Belle de jour, La Voie lactée, Tristana, Le Charme discret de la bourgeoisie, Le Fantôme de la liberté, Cet obscur objet du désir.

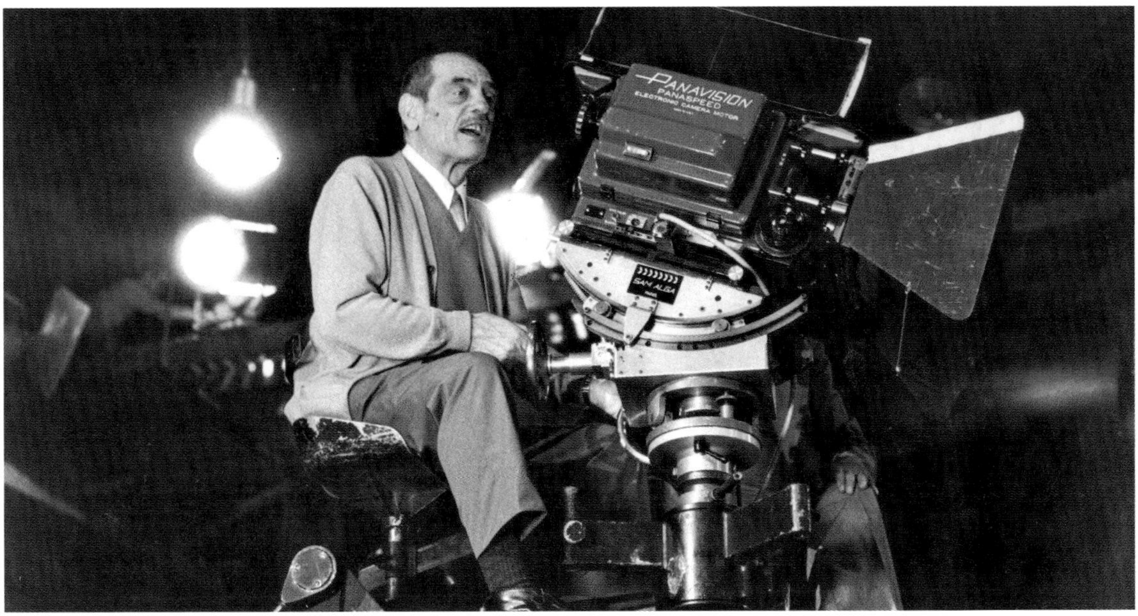

Sources iconographiques

Toutes les photos présentes dans cet ouvrage proviennent de la collection des *Cahiers du cinéma* sauf :
Collection *Cahiers du cinéma* / Dominique Rabourdin, p. 80, 81 (les deux en haut), 82, 83 ;
Collection Cinémathèque française, p. 6, 8-9, 39, 42, 44-45, 47, 68-69, 70, 71, 77, 79, 84-85 ;
Collection CAT'S, couverture, p. 41 (bas), 56.
Photos extraites du livre *Vida y opiniones de Luis Buñuel* (ed. Instituto de Estudios Turolenses), p. 3, 11, 13, 29.

Crédits photographiques

Couverture : *Belle de Jour*, © Paris Films Productions.
Portraits de Luis Buñuel par Man Ray, © ADAGP 2007 : p. 10, 88.
© Succession Buñuel : p. 2, 12, 13, 29.
Calanda : © Jean-Louis Buñuel, p. 11.
La Chute de la maison Usher : © Jean Dréville, p. 16.
Un chien andalou, p. 18-19.
L'Âge d'or : Films Minerva / CNC, p. 21, 22, 23.
Terre sans pain : Cinéma du Panthéon / Films du Jeudi, p. 27.
Gran Casino : Films Anahuac / ESICMA, p. 31 (haut).
Le Grand Noceur : Ultramar Films / Films sans frontières, p. 31 (bas), 36.
Los Olvidados : Ultramar Films / Films sans frontières, p. 3, 30, 32, 33, 35, 37.
Susana la Perverse : Internacional Cinematográfica, p. 39, 42.
Don Quintín l'Amer : Ultramar Films / Colifilms Diffusion, p. 28.
La Montée au ciel : Producciones Cinematográficas Islas / Colifilms Diffusion, p. 40, 41 (haut).
Les Aventures de Robinson Crusoé : Oscar Dancigers Productions / Productions Tepeyac / MGM Pictures, p. 41 (bas).
El : Nacional Films / Producciones Tepeyac, p. 44-45, 47.
Les Hauts de Hurlevent : Producciones Tepeyac / Films sans frontières, p. 42 (bas).
On a volé un tram : Colifilms Diffusion, p. 42 (haut).
Le Fleuve de la mort : Clasa Films Mundiales / Monopole Tchécoslovaque du film.
La Vie Criminelle d'Archibald de la Cruz : Alianza Cinematográficas / Films sans frontières, p. 48-49, 50.
Cela s'appelle l'Aurore : Les Films Ariane / Cogelda, p. 51 (milieu).
La Mort en ce jardin : Producciones Tepeyac / Films Dismage / ROBUR droits audiovisuels, p. 51 (bas), 89.
Nazarin : Colifilms Diffusion, p. 53, 54, 66.
La Jeune Fille : Producciones Olmeca / Columbia Pictures, p. 36, 55.
Viridiana : Films 59 / Uninci / Video Mercury Films, p. 58 (© photo Guzman), 59, 62-63.
L'Ange exterminateur : Compania AB International / Video Mercury Films SA, p. 63.
Le Journal d'une femme de chambre : Roissy Films SA, p. 64 (haut © J.-L. Castelli), 65 (haut © AGIP Robert Cohen), 86.
Simon du désert : Video Mercury Films SA, p. 67.
Belle de jour : Paris Films productions / Five Films / Investissement en droits audiovisuels, p. 56, 68-69, 70, 71.
La Voie lactée : Greenwich Films Productions, p. 6, 78, 79.
Tristana : Les Films Corona / Epoca Films / Robur Droits audiovisuels, p. 8-9, 25, 72, 73, 75, 77.
Le Charme discret de la bourgeoisie : Greenwich Films Productions, p. 80.
Le Fantôme de la liberté : Greenwich Films Productions, p. 81, 95.
Cet obscur objet du désir : Greenwich Films Productions, p. 82, 83, 84, 85.

Malgré les recherches effectuées par les *Cahiers du cinéma*, il est possible que certains ayants droits des illustrations de cet ouvrage n'aient pas pu être identifiés. Qu'ils veuillent bien accepter leurs excuses et entrer en contact avec eux.

Photogravure : Fotimprim, Paris
Imprimerie Aubin, Ligugé
N° imprimeur : P 71304
Dépôt légal : 1er trimestre 2008
Imprimé en UE